EXERCICES

SUR LA DEUXIÈME ET LA TROISIÈME PARTIE

DE LA

GRAMMAIRE FRANÇAISE

A L'USAGE

DES MAISONS D'ÉDUCATION

DES SŒURS DE SAINT-JOSEPH

DE BORDEAUX

BORDEAUX

MAISON-MÈRE DES SŒURS DE SAINT-JOSEPH

Rue du Hâ, 1

1866

EXERCICES

SUR LA DEUXIÈME ET LA TROISIÈME PARTIE

DE LA

GRAMMAIRE FRANÇAISE.

EXERCICES

SUR LA DEUXIÈME ET LA TROISIÈME PARTIE

DE LA

GRAMMAIRE FRANÇAISE

A L'USAGE

DES MAISONS D'ÉDUCATION

DES SŒURS DE SAINT-JOSEPH

DE BORDEAUX.

BORDEAUX

MAISON-MÈRE DES SŒURS DE SAINT-JOSEPH
17, rue du Hâ, 17.

1866

EXERCICES
SUR LA DEUXIÈME PARTIE
DE LA GRAMMAIRE.

CHAPITRE PREMIER

De l'Orthographe.

EXERCICE PREMIER

L'élève cherchera les dérivés des primitifs donnés.

4. — Héber, feuille, herbe, fleur, Flore, roi, corps, tour, économie, pain, mine, fer, char, triomphe, pâte, jour, morale, fil, histoire, âne, gros, pressoir, vergue, mètre.

4. — Épidémie, épice, essence, étouffant, bras, net, cave, blanc, vieux, enfant, climat, bois, insecte, signal, Simon, paix, fruit, brume, langue, encens, fumée, arome, ville, chemin, vol, peau, plat.

4. — Plein, rivière, roman, ronce, Rouen, métal, rond, ignominie, Goths, goule, goutte, édit, écume, frayeur, échelle, cheveux, doigt, digital, caféier, carré, cascade, chaîne, chameau, chiffre, Christ, psaume.

4. — Souffrir, soufre, relater, remède, irriter, jet, alarme, arrhes, attribut, bataille, bateau, apercevoir, astuce, accélérer, acreté, agglomérer, ennui, filial, fille, flamme, an, apostat, clou, filou, indigo, loup, odeur, offense.

EXERCICE DEUXIÈME

Un dérivé étant donné, indiquer le mot primitif.

4. — Volcan, vésicatoire, pépinière, pétaudière, Touraine, osselet, luthérien, effrontément, cordonnier, apaiser, signalement, enfreindre, panade saline, cornichon, envergure, cacheter, empaqueter, enrubaner, chaudron, siroter, passage, aboutissant, résonner, raisonner, annulaire, Annuaire, villenie, villageois, maîtriser, essayer, effrayer, chardonneret, s'acheminer, griffonage, postillon, aéronaute, soldat, négociant, irrigation, lourdeau, billard, jubilation, odoriférant, banquette, sortilége, loterie, ovipare, s'apitoyer, agréer, secrétaire, ondoyer, heurter, choquer, insectivore, carnivore, pâquerette, terrasser, rugissement, mugissement, gémissement, succulent, théière, dénoûment, enjoûment, versificateur, incendiaire, cabaleur, réactif, vendémiaire, frimaire, nivôse, pluviôse, ventôse, germinal, floréal, prairial, messidor, thermidor, fructidor.

DU DOUBLEMENT DES CONSONNES

EXERCICE TROISIÈME

Dans cet exercice et dans les deux suivants, l'élève remplacera les points par une ou deux des consonnes indiquées.

De 6 à 11. — (B). Ba...el, Ba...ylone, sa...atique, gi...eux, gi...osité, ra...inisme, a...esse, a...aye, a...atiale, a...aisser, a...ois, ra...at, ra...attre, a...us, a...erration. (C) O...éanie, O...éanien, O...éanienne, a...umuler, o...upation, o...togénaire, a...élérer, o...re, o...tave, a...aparer, a...essoire, o...troi, o...ulaire, o...ulairement. (D) a...itionner, a...itionnel, a...opter, a...hérer, a...hésion, a...missible, a...monestation. (F)

A...ricain, a...amé, a...ection, a...liction, a...luent,
a...luence, a...irmer, Saint-A...rique (Aveyron),
a...ront, a...ubler , a...ût. (G) su...érer, su...estion,
su...érant, a...raver, a...ravant, a...lutiner, a...luti-
nant, dé...luer, a...raire, a...ronomie, a...ate, a...onie,
(L) i...imité, i...usion, i...égal, i...iade, i...ion, î...ot
i...ustrer, fourmi...ière, crocodi...e, boui...ie, pa...a-
dium, mi...ième, mo...écule, flexibi...ité, mo...usque,
pe...icule, mi...ésime, émo...ient ga...inacée, a...iage,
a...un, i...icite, disti...er, jonqui...e, coqui...e, qui...e.
(M) i...ensité, i...obilité, i...agination, so...aire, a...al-
game, a...oniac, co...isération, co...ique, co...ices,
co...otion, i...atériel, acco...odable, sava...ent, i...é-
morial, i...ortel, i...oral, ma...ifère, ca...omille, pru-
de...ent, arde...ent, ga...e, ra...age, a...iante, rhyth-
...e, no...ade, plaisa...ent, i...itation, innoce...ent,
incessa...ent, puisa...ent. (R) i...éligion, i...écusable,
i...éductible, i...évérence, i...ésistible, i...uption,
i...ascibilité, i...onique, inco...uptibilité, i...is, i...idée,
i...isé, i...égularité, i...éprochable, i...igation.

DES CAS OU LES CONSONNES NE SE DOUBLENT PAS

—

EXERCICE QUATRIÈME

12. — (L) Epe..er, appe..er, atte...er atte..age, ba-
te..et, atc..ier, coutc..ier, hote..ier. (T) Cache..er, pa-
ne..ier, prê..er, jeje..e, j'apprê..e, vê..ement, gou..ière,
châ..eau, croû..e, arrê..er, flû..e, épî..re, pâ..e, ne
tombez jamais sous ma pa..c, cache..e ce..c le..re,
Jacquot se gra..e, in..ensité, en..asser, en..housiasme,
en..onnoir, in..empestif, in..ègre, in..ercaler, in..crcé-
der, in..terrompre, in..erroger, in..éresser, in..imider,
in..ime, an..ennes, An..oine, An..oine..e. (C) In..uba-
tion, in..ulquer, in..arcérer, in..ertitude, in..ision, en-
..astrer, en..aisser, en..aver, on..tion, en..ombrer,
on..tueux, on..e. (F) In..irme, in..usoire, in..usion,

in..ecter, in..ester, in..lammable, in..usible, en..oncer, en..umer, en..ler, en..reindre, an..ractuosité. (N) A..che, a..thracite, a..tre, a..tagoniste, a..ticiper, a..onciade, a..oter, a..oblir, a..onyme, a..uité, a..uaire, a..thropophage, a..ticipation, a...once.

DES FINALES DE CERTAINS MOTS

—

EXERCICE CINQUIÈME

De 13 à 17. — (Ct ou x) Réa..ion, transa..ion, génufle..ion, déco..ion, insurr..ion, infle..ion, infe..ion, défe..ion, flu..ion, affli..ion, satisfa..ion, comple..ion, proje..ion, conne..ion, anne..ion, fa...ion.

(C ou qu). Fabri..er, fabri..ation, appli..er, appli..ation, convo..ation, convo..er, atta..er, atta..able, man..er, imman..able, criti..er, criti..able (m ou n) E...ener, e...ancher, bo...bo...ière, néa...oins, e...êler, e...énagement, e..agasiner, e..aillotter, plo...ber, enco...brer, bo...bon, asso...brir, to...be, o...bre, no...bre, so...bre, li...be, ti...bale, i...pression, i...biber, i...bécile, inco...plet, inco...bustible.

DE L'EMPLOI DES MAJUSCULES

—

EXERCICE SIXIÈME

L'élève emploiera les majuscules selon les règles données.

18, 19. — la mort a des rigueurs à nulle autre pareilles :
    on a beau la prier,
  la cruelle, qu'elle est, se bouche les oreilles
    et nous laisse crier.

le vice vient de la dépravation du cœur : le défaut marque une mauvaise qualité de l'esprit. le soufre nous vient de Naples, ville près de laquelle se trouve la fameuse solfatare de pouzzoles, ancien volcan d'où s'exhalent des vapeurs sulfureuses.

une mère, en remettant le bouclier à son fils qui partait pour la guerre, lui dit pour toute recommandation et pour tout adieu : « avec ou dessus. » notreseigneur, sur le point de quitter la terre pour monter au ciel, dit à ses apôtres : « allez, enseignez toutes les nations et baptisez-les au nom du père, du fils et du saint-esprit. »

> pauvre petit, pars pour la France.
> que te sert mon amour ? je ne possède rien.

une oie disait à ses petits oisons : « pourquoi allez-vous ainsi, branlant la tête et vous tortillant comme des imbécilles. »

18, 19. — après votre soupe, que mangeâtes-vous? — un œuf frais. — et que fîtes-vous de la coquille? — comme tout le monde, je la laissai au laquais qui me servait. — sans la casser? — eh ! bien ! mon cher, on ne mange jamais un œuf sans briser la coquille. et après votre œuf? — je demandai du bouilli. — du bouilli ! personne ne se sert de cette expression ; on demande du bœuf et point du bouilli. et après cet aliment? — je priai l'abbé de radonvilliers de m'envoyer d'une très belle volaille. — malheureux ! de la volaille ! on demande du poulet, du chapon, de la poularde ; on ne parle de volaille qu'à la basse-cour. mais vous ne dites rien de votre manière de demander à boire. — j'ai, comme tout le monde, demandé du champagne, du bordeaux, aux personnes qui en avaient devant elles. — sachez donc qu'on demande du vin de champagne, du vin de bordeaux, continua delille.

La plus terrible éruption du vésuve eut lieu l'an 79 de notre ère. elle ensevelit les villes d'herculanum et de pompéi et coûta la vie au célèbre pline l'ancien.

18, 19. — l'éternel est son nom, le monde est son

ouvrage. enfant, que le ciel te soit propice ! la divine providence veille sur l'homme avec amour. au commencement était le verbe. prépare-toi, dit le seigneur ; je t'interrogerai, tu me répondras. ma force est dans le tout-puissant ; à l'ombre de ses ailes, je n'aurai rien à craindre de mes ennemis. apollon était chez les païens le dieu du soleil et de la lumière, des arts et de la poésie. jupiter était le maître des dieux, et junon, la déesse des déesses. le nom de marguerite signifie perle ; celui de sophie, sagesse ; celui de marie, étoile ; celui de christophe, porte-christ. les gaulois, sous la conduite de brennus, vainquirent les romains, l'an 390 avant jésus-christ. héliodore ayant voulu ravir le trésor du temple, fut châtié par les anges. les hollandais découvrirent l'océanie en 1605. les allemands, les français et les anglais sont des peuples industrieux. la guinée est une contrée de l'afrique. lima est la capitale du pérou. nos abeilles sont originaires des vertes forêts de la pologne et de la moscovie. la bretagne est une presqu'île qui renferme beaucoup de monuments druidiques. ses habitants descendent des anciens bretons qui furent chassés de la grande-bretagne par les angles. arles et nîmes renferment beaucoup d'antiquités romaines.

18,19. — le volga, fleuve de la russie d'europe, se jette dans la mer caspienne après un cours de 3800 kilomètres. la néva sort du lac ladoga, arrose saint-pétersbourg et se jette dans le golfe de finlande après un parcours de 60 kilomètres. le niagara est une rivière de l'amérique du nord ; à 18 kilomètres de son embouchure, ses eaux se précipitent d'une hauteur de 50 mètres sur une largeur de 1 kilomètre ; cette cataracte est la plus belle du globe. la nation juive est disséminée dans toutes les parties du monde ; la malédiction qui pèse sur elle, lui a ravi pour toujours son royaume et son temple. épaminondas, célèbre général thébain, après avoir chassé de thèbes les lacédémoniens qui s'en étaient emparés par trahison, gagna sur eux les célèbres batailles de leuctres et de mantinée. un roi persan avait un favori qui avait su se conserver pur et sans tache au milieu de la séduction ; un triste exil devint son partage : quel sable mouvant que le terrain de la faveur. le peuple français est vif, gai, spirituel, franc, loyal et d'une bravoure qui va jusqu'à l'héroïsme ; on lui reproche cependant la légèreté et l'inconstance. les femmes arabes sont toutes esclaves. l'isthme de panama joint l'amérique du nord à l'amérique du sud. les peuples du nord firent, en 420, une irruption formidable dans le midi de l'europe. la peste au teint livide et l'horrible famine parcouraient tous les rangs. le trône de la gloire est posé sur des bases chancelantes. lorsque la renommée proclame un héros, l'envie redouble ses fureurs.

Des signes orthographiques.

DES ACCENTS

EXERCICE SEPTIÈME

L'élève accentuera selon la règle.

22, 23. — Le Lethe etait un des cinq fleuves infernaux. Les physiciens ne peuvent definir la lumiere ; ils reconnaissent seulement que c'est un fluide tres subtil, qui colore les objets et les rend visibles. La trachee-artere est un canal qui sert au passage de l'air pendant l'aspiration et l'expiration. Asseyons-nous sous la feuillee. Une assiettee. Une charretee. Une brouettee. Un trophee. Un coryphee. De la centauree. Le rez-de-chaussee. Les graminees. Une comete. Un proces. Un congres. Un peage. Un abrege. Un anachorete. Un seminariste. Une regle austere. Les caracteres de la Bruyere. Une contree eloignee. Des pres fertilises par une rosee abondante. Les insurges ont ete arretes. Un acces de fievre. Un succes imprevu. Une gloire imprevue. Une specialite. Un champ de trefle. Il a trepigne de colere. L'universite est un corps de professeurs etabli par autorite publique pour enseigner les langues, les belles-lettres et les sciences. L'Universite de France fut constituee en 1200, par Philippe-Auguste; elle fut suprimee en 1790 et reconstituee par Napoleon en 1808. Un vegetal.

22, 23. — La vehemence. La veneration. Un venitien. Les animaux vertebres. La versatilite ou inconstance est un grand defaut. Une pyramide tronquee. La renumeration est une recompense. Le sage resolu. Une vie amere. L'ebene est noir. L'ebenier croît dans les Indes. On appelle vertebres ce systeme d'os qui forme l'epine dorsale. Abrege ton travail. On a conge au college. La Norvege septentrionale est d'un aspect triste. Le liege est l'ecorce d'une espece de chene. Dieu protege particulierement ceux qui mettent en lui seul leur confiance. L'esperance allege le fardeau, parfois si lourd, de cette pauvre vie. Un bon solfege. Un sortilege. Le monde tend des pieges à l'innocence. Le sacrilege est la profanation d'une chose sainte ou consacree à Dieu. La matiere ne doit pas imposer ses ses lois à l'intelligence. Je prefere la mediocrite à une grande fortune. La probite est si bien enseignee par la loi naturelle qu'elle devrait etre une vertu commune à tous les hommes. Les cruciferes portent des fleurs disposees en forme de croix. La race negre a les cheveux courts, laineux et crepus. Les papillons appartiennent à l'ordre des lepidopteres. La mygale, que nous appelons aussi araignee, maçonne, protege sa demeure au moyen d'une porte qui se meut sur une espece de charniere.

EXERCICE HUITIÈME

L'élève distinguera par l'accent grave à *préposition de* a *verbe.*

23. — Les yeux du limaçon sont placés a l'extrémité

d'un pédoncule mobile que l'animal allonge ou racour-
cit a son gré. Le reptile a les sens plus développés que
le poisson. Les palmiers sont de grands arbres a tiges
cylindriques, a feuilles terminales, et souvent pliées en
forme d'éventail. Le jaspe est une substance opaque a
pâte fine, diversement colorée. Le gypse ou pierre a
plâtre, est une substance molle qui se réduit facilement en poussière a l'aide de la chaleur. L'Afrique,
qu'on a reconnu être beaucoup plus petite que l'Asie,
est la contrée qu'on a le moins explorée. Ses déserts
affreux, son climat brûlant, ses habitants barbares ou
demi-sauvages, l'ont fait passer longtemps pour la dernière des contrées du globe : il faut cependant en
excepter l'Egypte qui a été le berceau des sciences et
des arts. L'homme est a la fois frugivore et carnivore.
Il n'y a point de plaisir sans quelque peine. Le son du
cor de chasse a rassemblé les chiens qui se sont lancés
a la poursuite d'un cerf. L'esclave est celui qui a perdu
sa liberté. Chaque instant nous rapproche du jour où
nous aurons a rendre compte de nos œuvres au Souverain-Juge. Malheur alors a celui qui n'aura pas
réparé les maux qu'il a causés.

EXERCICE NEUVIÈME

L'élève distinguera, par l'accent grave, *dès* préposition de *des*
article ; *où* adverbe de *ou* conjonction ; *là* adv. de *la* article.

23. — Des que le jour parut, nous nous éloignâ-
mes en toute hâte de ces lieux qui ne rappelaient plus
à nos cœurs que des souvenirs déchirants. Des que je
vous ai vu, vous m'avez plu. Des qu'une jeune personne s'abandonne au luxe et aux fêtes du monde, on
peut dire que sa vertu est à l'agonie. Les oiseaux
chantent des l'aurore. Des que la sainte Vierge eut
rendu l'esprit, dit saint Jean Damascène, chacun se
prosterna à ses pieds, les baisa en les arrosant de larmes ; et, après avoir embaumé son corps, on le porta
à Gethsémani, éloigné de trois à quatre cents pas de
Jérusalem. Le lierre couvre le sol des forêts humides

d'un tapis toujours vert, au milieu même des neiges. Les méchants ont beau cacher leurs désordres des ombres de la nuit et des voiles du mensonge, Dieu les voit. A l'endroit ou se voit aujourd'hui à Rouen la belle église de Notre-Dame, saint Mellon avait construit une chapelle. C'est la qu'a été plantée la première croix neustrienne ; la que les vertus chrétiennes ont été prêchées par l'apôtre de la Neustrie ; la que de milliers d'âmes ont été régénérées ; la qu'une foule de générations se sont succédé dans la prière : chaîne sacrée qui, unissant le présent au passé, ne forme devant Dieu qu'une seule et immense famille.

23. — Ou trouver un objet qui puisse lui complaire? Ou sont tous nos gens? Ou allez-vous? C'est surtout dans les contrées ou les mœurs ont conservé leur simplicité primitive que l'on rencontre cette verte vieillesse qui est bien supérieure comme force et comme énergie aux jeunes gens de nos grandes villes. Ou pourrez-vous trouver une mère qui ait plus de tendresse que la sainte Vierge?

> Quelquefois à l'autel,
> Je présente au grand-prêtre ou l'encens ou le sel ;
> J'entends chanter de Dieu les grandeurs infinies ;
> Je vois l'ordre pompeux de ses cérémonies.
>
> C'est un petit village ou plutôt un hameau,
> Bâti sur le penchant d'un long rang de collines,
> D'ou l'œil s'égare au loin dans les plaines voisines.

Reposez-vous ou travaillez, vous êtes libre. Dans la prairie ou le long du ruisseau, vous trouverez beaucoup de violettes.

EXERCICE DIXIÈME

L'élève accentuera selon la règle ; il en sera de même pour l'exercice suivant.

23. — Vous trouverez les alliés postés sur une colline située en deça du fleuve. Les Israélites étaient encore en deça de la mer Rouge lorsqu'ils entendirent le bruit

des chariots de l'armée Egyptienne. En quittant Riga, nous nous dirigeâmes au Nord ; à mesure que nous avancions, la nature devenait de plus en plus triste : nous parcourûmes d'immenses plaines stériles au milieu desquelles on voyait ça et la quelques bouleaux et quelques roches couvertes de mousse grisâtre. Le chemin de la vie a été triste pour moi ; il est vrai que ça et la, j'y ai trouvé quelques fleurs ; mais à peine les avais-je cueillies, qu'elles se fanaient dans mes mains. Mondain, que sont devenus ces jours de plaisir ? Hélas ! ils ont fui pour ne plus revenir ; déja la vieillesse presse tes pas vers la tombe, et le remords empoisonne tous les instants qui te restent.

23. — Quoi, je suis déja au terme de ma vie ? mais c'est à peine si j'ai vécu.....

Vous êtes déja prêt ? Seriez-vous déja désabusé des vains plaisirs du monde ? Charles VI chevauchait dans la forêt du Mans, laissant son armée un peu loin derrière lui ; voila que tout à coup un fantôme sort d'un taillis et lui dit : Arrière, ô roi ! ne chevauche pas plus avant, car tu es trahi. Saisi de frayeur, le malheureux prince tomba en démence. L'espérance et la déception : voila le partage de la vie. Voila que je serai avec vous jusqu'à la consommation des siècles : a dit Jésus-Christ à son Eglise.

Regardez bien, ma sœur :

Est-ce assez ? Dites-moi, n'y suis-je point encore ?

— Nenni. — M'y voici donc ? — Point du tout. — M'y voila.

Hola ! quel lourdaud ! Hola ! qui frappe ?

Hola ! quelqu'un ! Hola ! pas tant de bruit.

Il m'a fallu mettre les hola.

EXERCICE ONZIÈME.

24. — L'hydre à sept tetes est une fiction des poètes païens. Pendant les orages de la vie, il faut courber la tete, c'est-à-dire attendre avec résignation que Dieu rétablisse le calme.

> Le moindre vent qui, d'aventure,
> Fait rider la face de l'eau,
> Vous oblige à baisser la tete.

Le singe n'a pas la tete faite comme celle de l'homme. Les péchés capitaux sont ainsi nommés de ce qu'ils sont comme la tete de tous les autres. Le roi Saül dépassait de la tete et des épaules tous les enfants d'Israël. Lorsque Moïse descendit de la montagne, il fut obligé de se couvrir la tete d'un voile.

Quel accent mettrez-vous sur Paques, voute, patre, fete, pentecote, maçon, hopital, pecheur laborieux et diligent, pecheur repentant, peche mure, peche abondante, pretre, vetement, épitre, vepres, meler, preter, gouter, flute, piqure, role, age, jeune rigoureux, aout, rateau, ratelier, renaitre, trame, flamme, femme, lame, coteau, rotin, feve, queter, requete, quete, Rhone, rotir, rotissage, roti, rotissoire, surcroit, surement, theatre, troisieme, dixieme, trentieme, centieme, il parait, il renait, il connait.

Rendez à chacun ce qui lui est du. Son cœur est mu par des sentiments généreux. La rivière a cru de quarante centimètres. Exhortation, exhaler, exil, exigent, exercer, exécration, exhiber, exécutif, excuse, exclamation, exclure, excès, existence, exhumer, exigence, expansible.

DE L'APOSTROPHE.

EXERCICE DOUZIÈME.

L'élève emploiera l'apostrophe selon les règles données dans les numéros indiqués.

De 26 à 29. — Lexpérience, lutilité, lexclamation, lile, lerreur, lirréligion, lirrésolution, lentêtement, labattement, lexcuse, lincrédulité, ladmiration; je ladmire, je lhonore, je laime, je lhais, je lhante, je labhorre, tu linvectives, il minquiète, il méprouve. Le vent menlève. La maison sébranle. Ces caractères seffacent. Quoi quil en soit, quoiquil fasse, quoique-humilié, quoiqueembarrassé, quelqueéloigné quil soit, quelqueeffrayé que vous soyez, lorsquil vint, quelque-instance quon vous fasse, lorsquon vous parlera, lors-quil viendra, lorsquelle viendra, puisquon vous parle; il semble que la mer se calme. Davantage doit sem-ployer sans complément. Le peu davantages que cette entreprise lui a procuré la découragé. Je laperçois, je lentends, quoiquenchanté, quoiqueennuyé, puisquon vous accuse, puisqueon vous invite, puisqueen ce jour, une porte entrouverte, je suis presqueendormie, une presquîle, si je trouve quelquagrément, jai quel-que affaire à régler, avez-vous rencontré quelquun, cherchez quelqueautre moyen. Quelqueun viendra, il faut sentreaider, allez dans la grandsalle, dans lagrand-chambre, ce n'est pas grandchose, nous vous atten-drons à la grandecroix. Vous n'avez pas pris grand-peine. J'ai eu grandpeur. C'est grandepitié que de voir pareilles folies. Sils viennent, recevez-les bien. Nous irons à la campagne sil fait beau. Faites cuire lhomard que jai apporté hier.

DE LA CÉDILLE ET DU TRÉMA.

EXERCICE TREIZIÈME.

L'élève remplacera les points du numéro 30 par ç ou *ss*; et pour le numéro 31, elle suivra la règle sur l'emploi du tréma.

30. — Un re..u, une re..ource, un aper..u, une fa..on, un souvenir ineffa..able, une fa..ade, une ma..e, un lima..on, un for..at, il tra..a, il effa..a, il s'effor..ait, il lan..ait, il a con..u un mauvais dessein, un hame..on, un ma..on, il aper..oit, il aper..ut, il re..oit, cette parole me gla..a. Tu m'a..ures une chose dont tu

n'es pas ..ûre. L'aigle a pris son e..or. Les A..ores sont un groupe d'îles de l'océan Atlantique, se rattachant à l'Afrique. Donnez-moi des laines a..orties. Un re..ort est une lame d'acier qui reprend sa première position dès qu'elle n'est plus comprimée. Tu cries comme un ..ourd.

31. — Un paien, un moyen, de la faience, de la cigue, un panier de figues, un discours ambigu, une parole ambigue, un passage exigu, une chambre exigue. Héloise tombe dans l'archaisme à force de lire dans les bouquins. Le judaisme, l'égoisme, l'héroisme. Moise est l'auteur du Pentateuque. Il faut hair le vice. Ne trahissez jamais personne. Prenez l'appartement contigu au mien. Dans la pièce contigue au salon, vous placerez les statues d'Isaie et de Daniel. L'ouie est le sens qui nous fait percevoir les sons. Un bonheur inoui, des choses inouies.

DU TRAIT D'UNION.

—

EXERCICE QUATORZIÈME

L'élève emploiera le trait d'union selon la règle donnée.

33. — Viendra til? Cherche til? A til de l'activité? Entendez vous? Où allez vous? Eloignez vous. Racontez nous vos voyages. Attendez vous à des reproches. Ecoutez la. Aimez la. Cherchez le. Se résigne telle? Viendra telle? A telle de l'ordre? Aide til? Amènera til quelqu'un?

Vous vous occupez sans cesse de celui ci et de celui là, de celle ci et de celle là; continuellement à l'affût des on dit, vous passez votre vie à censurer et à médire, sans songer qu'en agissant ainsi, vous perdez votre âme.

Voilà des roses et des tulipes : mettez celles ci dans

des vases dorés et celles là dans une corbeille d'albâtre. La gazelle est très agile. La lavande, la menthe, le thym et le serpolet sont des plantes très odorantes. Le cresson est tres dépuratif. L'eau distillée est très pure. La peau de l'hippopotame est très épaisse ; celle du rhinocéros est très dure. Le perce oreille ou la forficule est un insecte très inoffensif. Les mille feuilles, les belles de nuit, les gueules de loup, les pieds d'alouette et les oreilles d'ours sont les seules plantes de mon petit parterre. Notre Seigneur a passé trente trois années sur la terre. Louis XIV mourut en mil sept cent quinze, à l'âge de soixante dix sept ans. Il faut se méfier de soi même. Tout à la fois prêtre et victime, Jésus s'est offert lui même pour le salut du monde.

DE LA PARENTHÈSE

—

EXERCICE QUINZIÈME

L'élève placera entre parenthèse les expressions qui ne servent qu'à donner un éclaircissement accessoire à la phrase.

34. — Mais un trouble importun vient, depuis quelques jours,
De mes prospérités interrompre le cours.
Un songe, me devrai-je inquiéter d'un songe ?
Entretient dans mon cœur un chagrin qui le ronge.
On croit, chose étonnante, que la vie est longue.

Un mal qui répand la terreur,
Mal que le ciel, en sa fureur,
Inventa pour punir les crimes de la terre,
La peste puisqu'il faut l'appeler par son nom,
Capable d'enrichir en un jour l'Achéron,
Faisait aux animaux la guerre.

Un lièvre en son gîte songeait,
Car que faire en un gîte, à moins que l'on ne songe.
Dans un profond ennui, ce lièvre se plongeait :
Cet animal est triste, et la crainte le rongeait.

Un homme vit une couleuvre :
Ah ! méchante, dit-il, je m'en vais faire une œuvre
Agréable à tout l'univers !
A ces mots l'animal pervers
C'est le serpent que je veux dire
Et non l'homme : on pourrait aisément s'y tromper.

Un loup rempli d'humanité
S'il en est de tels dans le monde
Fit un jour sur sa cruauté,
Quoiqu'il ne l'exerçât que par nécessité,
Une réflexion profonde.

Mère, en passant près de la pierre souveraine, j'ai rencontré, j'en tremble encore, un homme tout noir, au regard affreux : ses épaules étaient chargées d'un énorme sac dans lequel semblait se remuer une lourde masse. Qu'était-ce, bon Dieu ! Sans le gros dogue qui m'avait suivi depuis le hameau des Chênes, j'étais perdu.

On conte qu'un serpent, voisin d'un horloger,
C'était pour l'horloger un mauvais voisinage,
Entra dans sa boutique, et, cherchant à manger.
N'y rencontra, pour tout potage,
Qu'une lime d'acier qu'il se mit à ronger.

CHAPITRE II

De l'Analyse grammaticale.

EXERCICE SEIZIÈME

Phrases devant servir d'exercice d'analyse orale et écrite.

35, 36, 37. — Les cèdres du Liban sont les monuments naturels les plus célèbres de l'univers : la religion, la poésie les ont également consacrés.

La beauté qu'étalent les paysages des montagnes,

est un sujet que ne sauraient épuiser ni le poète ni le peintre.

Buffon naquit à Montbard. La fortune considérable que lui avait laissée son père, conseiller au parlement de Bourgogne, lui permit de se livrer librement à l'étude de la zoologie.

Naples est bâtie en amphithéâtre au bord du rivage, mais Venise est sur un terrain tout à fait plat : les clochers ressemblent aux mâts d'un vaisseau que l'ancre aurait fixé au milieu des ondes.

La surface de la terre, parée de sa verdure, est le fond inépuisable et commun d'où l'homme et les animaux tirent leur subsistance.

Tout ce qui a vie dans la nature, vit sur ce qui végète, et les végétaux vivent à leur tour des débris des choses qui ont vécu et végété.

Le luth, les cymbales, le flageolet, le fifre aux notes aiguës, datent de la plus haute antiquité.

La Suède forme un royaume large d'environ deux cents lieues et long de trois cents. L'hiver y règne neuf mois et demi de l'année.

Le Nil ne cesse jamais de couler : ses eaux bienfaisantes servent à tous les besoins des villes, des campagnes, des animaux, des plantes même.

Les eaux de ce fleuve se partagent en deux branches principales qui se jettent dans la Méditerranée.

Les anciens Égyptiens avaient pour leur fleuve une grande vénération : ils s'étaient créé, dans leur croyance religieuse, un Nil de la terre et un Nil du ciel.

L'immense façade du palais de glace est diaphane comme l'onde : son portique, enrichi de superbes sculptures, s'élève dans les airs : une foule de statues de diamant en ornent l'entrée.

Une cabane est une habitation construite de terre, de planches ou de branches d'arbres, où se loge le pauvre ; la chaumière est au-dessus de la cabane : elle est couverte de chaume, de tuiles ou d'ardoises.

Les hommes brusques mais bons, ressemblent à ces

fruits qui, sous un épiderme recouvert de piquants, cachent une amande délicieuse.

Le juste n'a pas besoin d'épitaphe ; il laisse après lui le souvenir de ses vertus.

Lucifer, qui était le plus beau et le plus brillant des anges révoltés, fut terrassé par l'archange Saint-Michel.

Les personnes qui courent après l'esprit, n'attrapent le plus souvent que le galimatias et l'amphigouri.

Commère la cigogne n'eut pas à s'applaudir d'avoir retiré l'os du gosier du loup.

Le sirop de miel, ou hydromel, était fort en usage avant que l'on connût le sucre.

Quand un schisme se déclare dans le sein de l'Eglise, la Religion gémit comme une mère qui voit éclater la discorde entre ses enfants.

Le crocodille a le museau oblong et déprimé ; il atteint quelquefois dix mètres de longueur ; on le trouve dans les deux continents.

Cet animal est essentiellement carnassier et très-vorace. Il s'élève doucement à la surface des eaux, nage silencieusement, saisit avec avidité sa proie et l'entraîne au loin pour la noyer.

La vipère commune, dont la longueur dépasse rarement sept décimètres, se nourrit d'oiseaux et d'insectes ; son venin est mortel.

Employez votre bien à l'aumône, et ne détournez jamais le visage à l'aspect du pauvre : car alors Dieu ne détournera point sa face de vous.

Un lièvre, honteux d'être poltron, cherchait quelque occasion où il pût s'aguerrir.

Un jeune pâtre du département du Gard a découvert récemment un vaste souterrain où la nature a déployé, à quatre-vingts mètres au-dessous du sol, toutes ses magnificences.

Les crustacés ont des membres articulés et sont généralement recouverts d'une croûte calcaire qui leur a fait donner leur nom.

La taupe est reconnaissable à ses petites mains

armées d'ongles aigus, et à son museau prolongé en groin ; ses yeux sont extrêmement petits ; mais elle voit cependant, et n'est point aveugle comme on l'a prétendu.

Le port majestueux de l'homme, sa démarche fière et hardie, annoncent sa noblesse et son rang.

Sa tête regarde le ciel et présente une face auguste, sur laquelle est imprimé le caractère de sa dignité.

L'homme seul se tient droit ; cette attitude lui est naturelle, au lieu qu'elle est instantanée chez les animaux qui éprouvent le moins de difficulté à se tenir debout.

Le paresseux est une des créatures les plus bizarres qu'aient observées les zoologistes ; il vit en Amérique, au fond de sombres forêts qu'habitent d'affreux serpents, de redoutables scorpions, et que rendent impénétrables à l'homme des buissons épineux. Son pelage ressemble à de la mousse qu'auraient desséchée les vents d'hiver.

EXERCICE DIX-SEPTIÈME

35, 36, 37. — Ce magnifique univers annonce la majesté de l'Éternel ; les cieux sont le trône de sa gloire. O soleil ! ô terre ! que celui qui vous a créés est puissant !

Cependant, quelle que soit sa grandeur, il abaisse ses regards sur les plus chétives de ses créatures, et il s'en occupe avec une sollicitude toute paternelle.

Chers enfants, aimez donc ce bon Maître. Servez-le avec fidélité ; quelques vains plaisirs que vous offrent les mondains, n'y attachez point votre cœur ; car ce sont des filets où le tentateur voudrait vous faire tomber.

Un jour votre vertu sera récompensée ; la paix succédera au combat, et Dieu lui-même sera votre éternelle possession.

Puissiez-vous tous jouir de ce bonheur ! puisse-t-il être aussi le partage de tous ceux auxquels vous vous intéressez !

Les reptiles sont d'une nature particulière. Ils se plient, ils se replient par les évolutions de leurs muscles, ils gravissent, ils embrassent, ils serrent, ils se glissent partout.

> Sous les remparts de Rome et sous ses vastes plaines
> Sont des antres profonds, des voûtes souterraines,
> Qui, pendant deux mille ans creusés par les humains,
> Donnèrent leurs rochers aux palais des Romains.

Si les oiseaux-mouches s'approchent d'une rose et qu'ils la trouvent fanée, ils lui arrachent les pétales avec une précipitation qui marque leur dépit.

Lorsque nos corbeilles furent remplies, nous quittâmes les bois, les uns gais, les autres contents; nous allâmes, par des sentiers étroits, à travers des prés fermés de haies, le long desquelles sont plantés des mérisiers élevés et de grands poiriers sauvages.

Le nom d'heureux n'appartient pas à celui qui possède de grands biens, mais à celui qui sait user avec sagesse des présents du ciel, ou supporter avec courage et résignation les rigueurs de l'infortune.

> La fortune ici-bas n'est pour nous qu'une épreuve;
> Qui possède beaucoup doit donner beaucoup d'or,
> Et qui possède peu devra donner encor.

> Au banquet de la vie, infortuné convive,
>   J'apparus un jour, et je meurs...
> Je meurs, et sur la tombe, où lentement j'arrive,
>   Nul ne viendra verser des pleurs.

L'ambition est un torrent qu'il est aisé d'arrêter dans sa source, mais dont il est impossible d'arrêter le cours.

Quand tu es seul, songe à tes défauts; quand tu es en compagnie, oublie ceux des autres.

> On dit que ce brillant soleil
> N'est qu'un jouet de ta puissance;
> Que sous tes pieds il se balance
> Comme une lampe de vermeil.

La raison veut que nous supportions ce que nous ne pouvons changer.

Les seules richesses qui vous resteront, seront celles que vous aurez données aux pauvres.

> Toi, dont le courroux veut engloutir la terre,
> Mer terrible, en ton lit quelle main te resserre ?
> Pour forcer ta prison, tu fais de vains efforts :
> La rage de tes flots expire sur tes bords.

Quels que soient vos talents, quelle que soit votre fortune, ne vous élevez jamais dans les pensées de votre cœur ; souvenez-vous que Dieu humilie les superbes, tandis qu'il élève et glorifie les humbles.

> Captifs chez un peuple inhumain,
> Nous arrosions de pleurs les rives étrangères ;
> Et le souvenir du Jourdain,
> A l'aspect de l'Euphrate, augmentait nos misères.

Peu savent discourir, et pourtant beaucoup veulent tenir le premier rang dans la conversation. Sachez donc vous taire et écouter, afin d'acquérir la science, le discernement et la sagesse.

CHAPITRE III

De l'analyse logique.

EXERCICE DIX-HUITIÈME

Dans cet exercice, l'élève distinguera les phrases d'avec certains assemblages de mots n'offrant qu'un sens incomplet, elle indiquera cette différence par ces mots : *sens complet, sens incomplet.*

39. — Les roses que j'ai cueillies. (Sens incomplet.) — Le lion bondissant dans l'arène. (Sens incomplet.) — Le vent de l'Ouest amène la pluie. (Sens complet. — L'amour du sol natal. — Les fainéants savent toujours l'heure qu'il est. — Un chapiteau terminé en feuilles

d'acanthe. — Une corbeille pleine de fruits. — En descendant le long du ravin, je vis tout à coup. — Jamais un homme sensé ne s'avisera de dire qu'un palais avec tous ses ornements et tous ses meubles s'est bâti et arrangé de lui-même. — Réfléchissez avant d'agir, — L'union fait la force, tandis que la désunion produit la faiblesse et la ruine. — Les roses d'aujourd'hui, demain seront fanées. — Je ferai observer à Lucile que son travail..... — Un char de triomphe traîné par des lions. — L'empereur entra dans Rome sur un char traîné par des lions et escorté par une foule de captifs. — Un groupe de roses. — Un chêne abattu par l'orage. — Deux cygnes nageant parmi les roseaux. — L'Egypte et l'Inde sont fertilisées par des inondations périodiques et certaines. — Le mot obélisque signifie aiguille. — Les oasis, semblables à des îles de verdure. — Les oasis, semblables à des îles de verdure, offrent au milieu d'un océan de sable la vie et la fécondité. — Un jour qu'il revenait de la forêt. — Un soir qu'il revenait des champs, il fut tout à coup assailli par une troupe de bandits.

Du Sujet.

—

EXERCICE DIX-NEUVIÈME

L'élève soulignera tous les sujets.

42, 43. — La terre est emportée rapidement au tour du soleil. Ce chêne est trois fois séculaire. La tortue est l'emblème de la lenteur. Le chien est le symbole de la fidélité. Les mots sont les signes de nos idées. La violette est une simple et suave fleur. Les plantes sont des êtres organisés. L'or est le tyran des avares. Melchisédech était roi de Salem. Apprendre est un besoin. Mentir est une lâcheté. Cela est vrai. Caligula était abhorré. L'étude est mon plaisir. Le vent se lève. La prière me console. La probité est un devoir. Mon fils est attentif à mes paroles. Les Amalécites étaient un peuple ennemi des Israélites auxquels ils étaient en horreur par leur impiété. Les Druides étaient les ministres de la religion gauloise. Les médisants sont détestés et les calomniateurs sont abhorrés. Le sanglier vit dans les bois. Le chien n'aboie pas quand il est à l'état sauvage. Le temps qui fuit sur nos plaisirs, semble s'arrêter sur nos peines. Si vous êtes affligé, jetez-vous entre les bras de Dieu. Les bonnes actions laissent des souvenirs qui charment toute la vie. Les Maures restèrent longtemps en Espagne. Le tigre est plus féroce que le lion. La vie est courte et le temps est pressé, l'heure va naître, elle est, elle a passé. Le navigateur préfère la tempête au calme plat.

EXERCICE VINGTIÈME

L'élève soulignera tous les sujets et indiquera entre parenthèse s'ils sont simples ou composés.

44, 45. — Pendant qu'Aaron et Hur tenaient les mains de Moïse élevées vers le ciel, Josué combattait victorieusement. Pendant qu'Hazaël et Mentor parlaient, nous aperçûmes des dauphins couverts d'une écaille qui paraissait d'or et d'azur. L'argent, l'intelligence, le courage et le temps ont été souvent mal employés. L'Etna et le Vésuve ont de terribles éruptions. La faim, la soif et la chaleur nous accablaient. Les compliments et les louanges sont le plus souvent des mensonges obligeants. Les Grecs et les Romains élevaient des statues aux grands hommes. La vie et la mort sont deux mystères. Le crocodille, l'ichneumon et le chat étaient adorés chez les Egyptiens. Une vie irréprochable et une piété sincère sont les meilleurs oreillers d'un mourant. Un bon livre est un bon ami. La bienfaisance est la vertu favorite des grandes âmes. Camille, Fabius, Scipion ont été les sauveurs de la république romaine. L'église de Sainte-Sophie et celle de Sainte-Irène ont été converties en mosquées. Les taureaux et les moutons d'Espagne sont très-estimés. Sigebert, Chilpéric, Caribert et Gontran, fils de Clotaire Ier, se partagèrent cette vaste monarchie des Francs. Les Athéniens et les Spartiates furent des nations prépondérantes et civilisées. Ma sœur et moi, nous préférons la campagne à la ville. L'insecte invisible et l'aigle superbe révèlent la puissance du Créateur. Homère et Milton ont été aveugles. Le sage est ménager du temps et des paroles. L'honneur, le devoir, l'intérêt et la raison recommandent la probité.

EXERCICE VINGT ET UNIÈME

L'élève soulignera les sujets et indiquera entre parenthèse s'ils sont complexes ou incomplexes.

46, 47. — La mort d'Artaxercès Longue-Main fut en Perse le signal de sanglantes révolutions. Le calice des fleurs est toujours placé à l'extrémité du pédoncule. Les événements de l'âge héroïque doivent en grande partie leur célébrité aux poètes qui les ont chantés. Le paon est le plus beau et le plus orgueilleux des oiseaux. Les faux semblants d'amitié sont pires que la haine. Les petits esprits sont tortueux dans les affaires. Les animaux à coquilles ont tous leurs organes à l'intérieur. Les conseils de la colère sont toujours imprudents. Les petits esprits sont blessés des petites choses. L'amitié d'une âme sainte est un bienfait du ciel. Le Bosphore de Thrace sépare l'Europe de l'Asie. La splendeur du ciel n'est qu'un pâle reflet de celle de Dieu. Un homme bienfaisant rend des services sans intérêt, sans ambition. La pensée du mal tire son origine de l'oisiveté. Le temps des illusions est court, celui du repentir est long. L'eau renfermée est facilement corrompue. Des oiseaux aux longues ailes voltigeaient parmi les glaïeuls et les roseaux. La loi romaine interdisait aux prodigues la gestion de leurs biens. La paresse énerve et engourdit l'esprit ; l'étude le fortifie et l'anime. L'amour du travail bannit la tristesse. Les mauvais livres gâtent le cœur. Le tyran qui ne respecte rien, verra bientôt la fin de sa puissance. Les boulevards de Paris sont impraticables quand il pleut. L'eau de la mer est extrêmement salée. La mort de Léonidas a immortalisé le défilé des Thermopyles. La bibliothèque d'Alexandrie a été brûlée par les Sarrasins en 640; elle contenait 700,000 volumes. La bataille de Marignan a été appelée un combat de géants. Le soleil ne peut éclairer qu'un hémisphère à la fois.

EXERCICE VINGT-DEUXIÈME.

L'élève soulignera tous les attributs.

50, 51. — La vie est un voyage. L'économie est une vertu. L'opinion est la reine du monde. Carthage a été détruite 442 ans avant Jésus-Christ. Moscou fut brûlée en 1812 par ses propres habitants. La journée est remplie. Un cimier est un ornement qui forme la partie supérieure d'un casque. Le cinnamome est une substance aromatique qui est produite par un arbrisseau des bords de la mer Rouge. Le colibri est un oiseau très-petit. Une comète est un astre errant. Les constellations sont des assemblages d'étoiles fixes. Le chanvre est roui. La vertu est estimée. L'ennui est un mal moral. La terre est la nourrice de l'homme. Le crâne est la boîte osseuse du cerveau. La crainte est une appréhension. Un cric est une machine à soulever les fardeaux. Le crocus est une plante de la famille des iridées. Damas est une ville de Syrie. Le dessert est le dernier service d'un repas. La divagation est un écart de l'esprit. La douane est un droit imposé par le gouvernement sur certaines marchandises. Dunkerque est le point le plus septentrional de la France. Edimbourg était la résidence des rois d'Ecosse. Un emblême est une figure symbolique. L'encens est une résine aromatique. Une encyclopédie est un répertoire des connaissances humaines. Ephèse était une ville de l'Asie Mineure. Une épigramme est une petite pièce de vers satirique. Une épigraphe est une courte inscription.

EXERCICE VINGT-TROISIÈME

L'élève soulignera les attributs et indiquera entre parenthèse s'ils
sont simples ou composés.

52, 53. — L'écureuil est léger, vif, alerte et gracieux. L'adversité est utile, nécessaire et même profitable. Les demi-talents sont audacieux, souples et adroits. Le soufre est jaune, dur et cassant. Pygmalion était injuste, cruel, faux, jaloux et avare. Suger était abbé et ministre. Georges est sombre et pleureur. Le climat des terres boréales est froid et humide dans les régions couvertes de forêts. Le lézard vert est le plus grand et le plus fort des lézards communs. Les bouillons de tortue sont agréables et sains. La véritable vertu est utile, bienfaisante et toute héroïque. Les jours de l'homme sont courts et mauvais. Les premiers soldats de la république romaine étaient sobres, exercés et patients. Cicéron fut questeur, préteur et consul. Henri IV était simple, facile et affectueux. Christophe Colomb fut longtemps méconnu et repoussé. Michel-Ange était peintre, sculpteur et architecte. La Campanie était riche et fertile. Un enfant docile et studieux est la joie et l'orgueil de ses parents. Le sage n'est pas avide de richesses. La colombe est douce, aimante et timide. La campagne de Rome est détestable. La mer Caspienne est un immense lac. Un obélisque est une pyramide quadrangulaire très élevée et couverte de signes hiéroglyphiques.

EXERCICE VINGT-QUATRIÈME

L'élève soulignera les attributs et indiquera entre parenthèse s'ils
sont complexes ou incomplexes.

54, 55. — Franklin est l'inventeur du paratonnerre. L'hydre de Lerne était un serpent monstrueux. Le nom du Seigneur est écrit sur toutes les pages du livre de la nature. Les combats de taureaux sont l'amusement favori de la nation espagnole. L'Australie est considérée comme un continent. La faim est l'assaisonnement des mets. La raison est l'appui de l'homme. Les chauves-souris sont classées dans la famille des mammifères. Le cimetière est le champ de l'égalité. Le putois est fort avide de miel. Les gens du monde sont prompts à porter des jugements défavorables. La croix est le signe du salut. La lyre est l'emblême de la poésie. L'abeille et la fourmi sont les symboles de l'activité. Les oiseaux, les reptiles et les poissons sont appelés ovipares. Le courage est une force de l'âme. Le vrai courage est celui que la religion inspire. La prospérité d'un ami est une jouissance. La justice est une vertu divine. Les soldats sont disciplinés. Le paresseux est l'ennemi de la société. La corne, le miel et l'ivoire sont des produits animaux : le chanvre, le lin, la garance et l'orseille sont des produits végétaux ; la houille, le jais, la chaux, le plâtre, le cristal, sont des produits minéraux. L'eau renfermée est facilement corrompue.

EXERCICE VINGT-CINQUIÈME

L'élève soulignera tous les verbes.

58, 59. — L'ambition est toujours inquiète. Le vinaigre est utile contre la peste. Les hommes sont sujets à l'erreur. L'astronomie des anciens était pleine d'erreurs. Le phoque est susceptible d'éducation. La Crimée est très-fertile. Les œuvres de l'homme ne sont pas comparables à celles de la nature. Le pilotin est le guide du requin. Un homme sans vertus est semblable à un arbre sans fruits. Les feuilles du blé sont roulées autour de la tige en forme de gaînes ; elles sont longues, minces et pointues. Le tronc d'un arbre est formé de trois parties distinctes qui sont : l'écorce, le corps ligneux et la moelle. La greffe est une opération d'une grande utilité en horticulture. Beaucoup de gens sont longs à promettre et lents à tenir. Aucun homme n'est content de son sort (excepté le vrai chrétien). Le renard est redoutable aux poules. Le paresseux travaille toujours malgré lui. Les meilleures et les plus belles pêches sont celles qui sont venues en espalier.

EXERCICE VINGT-SIXIÈME

L'élève soulignera les verbes et décomposera ceux qui contiennent l'attribut.

58, 59. — Les poissons ont les sens peu développés : leur vue est fixe ou peut à peine changer de direction. Parmi les poissons, les uns vivent sclitaires, d'autres vivent en société : les premiers sont souvent sédentaires et meurent dans la mer qui les a vus naître.

> L'âne d'un jardinier se plaignait au destin
> De ce qu'on le faisait lever devant l'aurore.

Une âme ingrate oublie les services. Ma fille, tu te repentiras un jour de ton oisiveté. Les anciens conservaient leur vin dans des amphores. La rupture d'un anévrisme au cœur occasionne infailliblement la mort. L'anatomie nous convainc de l'immortalité de l'âme. Les épigrammes irritent, mais ne corrigent pas. Une terrible épidémie ravagea la France sous Philippe de Valois. Le parasite et le mendiant n'ouvrent jamais la bouche qu'aux dépens d'autrui. Si depuis notre premier père, on avait pu recueillir les larmes de tous les malheureux, on aurait formé un vaste lac.

EXERCICE VINGT-SEPTIÈME

L'élève remplacera les points par un sujet qui soit en rapport avec le sens énoncé.

De 42 à 57. — ..... était la capitale du plus ancien empire du monde. — ..... est la couleur bleue du firmament. — ..... est un exil. — ..... est une patrie. — ..... est une figure à quatre côtés égaux et à quatre angles droits. — ..... est extrait des environs de Carrare en Toscane. — ..... est une chute d'eau. — ..... est une petite cascade. — ..... est une sorte de groseiller à fruit noir. — ..... est l'église principale d'un diocèse. — ..... est la partie qui couronne une colonne. — ..... est un pilier carré le plus souvent adossé à une façade ou engagé dans un mur. — ..... est une plante à semence poivrée qu'on emploie comme assaisonnement dans les pays du Sud. —..... est celui qui gouverne un vaisseau. — ..... était une machine à pivot où l'on exposait les condamnés aux regards du peuple. — ..... est un astre qui tourne autour du soleil et qui en réfléchit la lumière. — ..... est un oiseau aquatique qui plonge souvent. —..... hennit, — ..... coasse,— ..... croasse, —..... rampent.—les ..... ruminent, — ..... scintillent, — ..... s'envolent, —..... les ..... restent. — ..... parfume l'âme. — ..... sauva la France envahie par les Anglais.

EXERCICE VINGT-HUITIÈME

L'élève remplacera les points par un attribut qui convienne au sujet.

De 42 à 57. — Le fer est le ..... le plus utile à l'homme. L'argent est un ..... blanc, très-sonore et très-pur. Le fer est ..... pour les constructions, les ponts, les boulets de canon. Les mines d'or les plus riches sont ..... du Mexique, du Pérou, de la Californie et de l'Australie. Le bitume est une ..... minérale, tantôt liquide, tantôt solide. Le flamant est ..... des deux Indes, son plumage est rouge clair ou rose pâle. L'ibis est un ..... aux jambes longues et minces, fréquentant le bord des eaux et y cherchant des vers et de petits mollusques. Les mouettes et les goëlands sont si ..... et si ...., qu'ils ont été surnommés vautours de mer. — Le cormoran est d'un ..... triste et tranquille. Les reptiles sont ..... c'est-à-dire que leurs petits naissent renfermés dans un œuf ; mais ils ne couvent jamais leurs œufs. La torpille, comme le gymnote, est ..... par les propriétés électriques qu'elle possède ; elle engourdit et tue même les animaux qui sont à sa portée. Les Gémonies étaient une ..... de puits profond dans lequel on avait pratiqué des marches, de telle sorte que le coupable une fois lancé ne pouvait plus s'arrêter et roulait en se brisant jusqu'au fond du gouffre. Les Gémonies étaient ..... sur le mont Aventin, à Rome.

EXERCICE VINGT-NEUVIÈME

L'élève remplacera les points par un ou plusieurs compléments.

De 42 à 57. — La forme du cygne svelte, élégante et gracieuse a donné ..... des navires. La violette se cache sous le..... Les cyclopes n'avaient qu'un ..... au milieu du front. Les Hébreux oublièrent souvent le ....., mais le Seigneur ne ..... oublia jamais. La tige est cette partie du végétal qui s'élève en cherchant l'..... et la l... ; elle est ordinairement garnie de ..... de .... de .... et de ...... La nature se repose pendant .... Il est imprudent ...... de se mettre à l'abri sous un arbre. Le feu réduit l'eau en .... Il y a plus de mérite à triompher de ses ..... que de ses ennemis. — Un repentir sincère efface bien ..... — L'opium est une liqueur narcotique .... l'on extrait du pavot. — Les abeilles ont une petite ..... au moyen de laquelle elles pompent le .... des ....

DE LA PROPOSITION

—

EXERCICE TRENTIÈME

L'élève indiquera à la fin de chaque phrase le nombre des propositions qui y sont contenues.

60. — La génisse aime les gras paturages. Le pinson remplit l'air de sa voix éclatante. Le merle cherche les taillis épais des plus hautes futaies. La colombe attendrit l'écho des forêts par ses gémissements plain-

tifs. Le tigre rugit à la vue de tout être vivant. Les sentiments les plus doux s'attachent au bruit des cloches. Que de fois les dimanches et les jours de fête nous nous sommes arrêtés, dit un illustre écrivain, pour entendre dans les grandes futaies, à travers les arbres, les sons de la cloche lointaine appelant au temple l'homme des champs ! Appuyés contre le tronc d'un ormeau, nous écoutions en silence le pieux murmure. Chaque vibration, chaque frémissement de l'airain portait à notre âme tout heureuse, tout émue, l'innocence des mœurs champêtres, le calme de la solitude, les pures délices de la religion et la délectable mélancolie des souvenirs de notre première enfance. Quel cœur si mal fait n'a tressailli au bruit des cloches de son lieu natal, de ces cloches qu'on a entendues frémir de joie sur son berceau : qui ont annoncé son avènement à la vie, qui ont marqué le premier battement de son cœur, qui se sont empressées de publier dans tous les lieux environnants la sainte allégresse de son père, et les joies encore plus ineffables de sa mère. Religion, famille, patrie, et le berceau et la tombe, et le passé et l'avenir, tout se trouve dans les rêveries enchantées où nous plonge le bruit de la cloche natale.

DE LA PROPOSITION PRINCIPALE

—

EXERCICE TRENTE ET UNIÈME.

Dans cet exercice et dans les deux suivants l'élève indiquera la nature des propositions, et analysera le sujet, le verbe et l'attribut.

De 62 à 66. — La bénédiction du Seigneur se répand sur la maison du riche bienfaisant.

Les oiseaux chantaient sous la feuillée ; ils voltigeaient de branche en branche avec une vivacité nouvelle.

Le signal est donné, la barrière s'ouvre, le taureau s'élance au milieu du cirque ; mais il s'arrête bientôt, inquiet, troublé par le bruit de mille fanfares et par les cris des spectateurs.

La transformation est une des lois de la nature : le gland pourrit et il devient chêne ; la chenille meurt, et elle renaît papillon.

DE LA PROPOSITION INCIDENTE

—

EXERCICE TRENTE-DEUXIÈME

De 67 à 71. — La vivacité qui augmente en vieillissant ne va pas loin de la folie.

Le ciel permet que le méchant sommeille, pour que le juste ait quelques moments de repos.

Si l'on excepte les sables brûlants des déserts ou les plages glacées des pôles, on trouve des plantes sous toutes les latitudes, à toutes les hauteurs, dans toutes les espèces de terrain.

Le paon qui est originaire de l'Inde, est le plus beau et le plus orgueilleux des oiseaux.

DES PROPOSITIONS PLEINE, ELLIPTIQUE, IMPLICITE.

—

EXERCICE TRENTE-TROISIÈME

73, 74, 75. — Oh ! que tu es heureux, toi qui vis loin des hommes, qui ne connais rien au-delà de ton horizon, et pour qui le village voisin même est une terre étrangère ! Tu n'as point laissé ton cœur à des objets aimés que tu ne reverras plus, ni ta réputation à la discrétion des méchants.

Gloire à Dieu au plus haut des cieux !

Oh ! combien est vaste ce champ de la nature où le Créateur a imprimé le sceau de l'infini !

La mort vous a oublié, disait quelqu'un à Fontenelle. — Chut ! répondit le secrétaire perpétuel.

La gloire a tué bien des hommes ; la langue encore plus. Remarquons parmi les asparaginées : l'asperge commune, le muguet et la salsepareille.

Hélas ! la génération présente passera comme celles qui l'ont précédée.

EXERCICE TRENTE-QUATRIÈME

Phrases devant servir d'exercice d'analyse orale et écrite.

De 76 à 83. — L'ours passe presque tout l'hiver dans une sorte de léthargie, et ne sort de sa tanière qu'avec les beaux jours.

Le loup a la taille et la physionomie du chien sauvage : ses oreilles sont droites, et sa couleur est en général d'un gris fauve ; il vit ordinairement seul, attaque et se défend avec fureur ; si la faim le presse, il quitte les bois, se rapproche des lieux habités et se jette sur tout ce qu'il rencontre.

Les méchants se craignent, se détestent, se fuient.

L'étude de la chronologie est indispensable à ceux qui veulent étudier sérieusement l'histoire.

Les personnes d'une humeur acariâtre crient toujours contre quelqu'un ou contre quelque chose.

Molière, dont les pièces excitent si franchement le rire, était, dit-on, très-porté à la mélancolie.

On monte au Vésuve par une voie à plan incliné qui longe des champs couverts de peupliers et de ceps de vigne.

Au bout d'une demi-heure on arrive à une lave immense ; le Vésuve l'a vomie dans une éruption qui a eu lieu à une époque encore peu éloignée de nous.

Elle a fait pâlir toute la ville de Naples ; mais après l'avoir menacée un instant, elle s'est arrêtée là.

Les bords de cette lave sont tapissés de gazons et

de fleurs, et sont ombragés çà et là de jeunes arbustes que vivifie une épaisse couche de cendre.

A quatre kilomètres et demi du lac de Genève, dans la commune de Féterne, en Suisse, on voit, au milieu d'un bois d'épines, une grotte que la nature a taillée à pic dans un roc inabordable.

Les habitants du pays l'ont baptisée du nom de Grotte des Fées. Quelques efforts que l'on fasse, on ne peut y monter qu'à l'aide d'une échelle.

Le fond de cette grotte se termine par un bassin dont l'eau passait autrefois pour avoir une foule de propriétés que je me suis laissé complaisamment énumérer.

L'eau qui distille à travers le rocher a formé un corps qui ressemble à une poule couvant des poussins : on y remarque un rouet avec sa quenouille.

Les gens du pays nous ont assuré que leurs aïeux y ont vu une femme pétrifiée assise devant une cheminée garnie d'une paire de chenets.

Mais les naturalistes qui sont entrés dans cette grotte et qui l'ont visitée dans tous les sens, n'ont rien découvert qui pût y ressembler.

Les naturalistes ont attribué à la cigogne certaines qualités que vous avez toujours entendu vanter.

La cigogne nourrit très longtemps ses petits, et elle ne les quitte pas qu'elle ne leur voie assez de force pour se défendre et se pourvoir d'eux-mêmes.

Quand ils commencent à voleter hors de leur aire, elle les porte sur ses ailes : elle les défend avec un courage, une intrépidité rare.

Et on l'a vue, ne pouvant les sauver, préférer de périr avec eux plutôt que de les abandonner.

Les habitants de Quito se rappelleront longtemps la fatale nuit du 16 mars 1857.

De 76 à 83. — Les sauvages de l'Amérique brûlaient leurs ennemis vivants et dévoraient leurs chairs toutes sanglantes.

Les druidesses coupaient le gui sacré avec une serpette d'or, et le recueillaient sur des feuilles de papyrus.

Un fils ne s'arme point contre un coupable père.
Il détourne les yeux, le plaint et le révère.
Il était sur le port, son regard inquiet,
Cherchait à l'horizon la barque aux blanches voiles.

La vanité des autres nous est insupportable parce qu'elle blesse la nôtre.

Le peu que nous possédions est perdu sans ressource ; l'espérance en Dieu est maintenant le seul bien qui nous reste.

L'homme est créé pour connaître, aimer et servir Dieu. Heureux celui qui a l'intelligence de cette fin sublime et trop méconnue ! Les richesses, les honneurs, les plaisirs de ce monde ne peuvent le satisfaire, car son cœur n'aspire qu'aux biens réels que lui assurent, pour le temps et pour l'éternité, la connaissance et l'amour du Seigneur.

Hélas ! petits moutons que vous êtes heureux !
Vous paissez dans les champs sans souci, sans alarmes.

L'histoire, quand elle est bien enseignée, devient une école de morale : elle décrie les vices, elle démasque les fausses vertus, elle détrompe des erreurs et des préjugés populaires.

Moïse étant descendu de la montagne, ordonna d'exterminer les Israélites qui avaient adoré le veau d'or : et cet ordre fut exécuté quoique le nombre se portât à plusieurs mille.

L'Eternel est son nom, le monde est son ouvrage ;
Il entend les soupirs de l'humble qu'on outrage ;
Juge tous les mortels avec d'égales lois,
Et du haut de son trône interroge les rois.

Des plus fermes Etats, la chute épouvantable,
Quand il veut, n'est qu'un jeu de sa main redoutable.
Et quel besoin son bras a-t-il de nos secours?

Que peuvent contre Dieu tous les rois de la terre ?
En vain ils s'uniraient pour lui faire la guerre :
Pour dissiper leur ligue il n'a qu'à se montrer ;
Il parle, et dans la poudre il les fait tous rentrer.

CHAPITRE IV

Des figures de la grammaire.

DE L'ELLIPSE

EXERCICE TRENTE-CINQUIÈME

Les phrases suivantes sont pleines ; l'élève les rendra elliptiques.

85, 86. — Les plus petits oiseaux-mouches sont moins grands que le taon, moins gros que le bourdon ; leur bec est une aiguille fine, et leur langue est un fil délié. La vie pour le vrai chrétien n'est qu'un temps d'épreuve, et la mort est le passage à une éternité bienheureuse. La prière rend l'affliction moins douloureuse et rend la joie plus pure ; elle mêle à l'une je ne sais quoi de doux, et mêle à l'autre un parfun céleste. Son caractère était aimable et tendre, sa charité était sans bornes. Il tourne au moindre vent, il tombe au moindre choc. Aujourd'hui il porte le casque, et demain il portera le froc. L'enfant frappe des mains ; les petits s'empressent d'accourir et de s'élancer vers leur mère. La nature pour lui fit tout, et pour moi elle ne fit rien. On vit heureux ailleurs : on vit ici dans la souffrance. Vois-tu ce grand chêne là-bas : il y a quatre ans passés j'y conduisis ton père. En ce lieu, il n'y a point d'auberge. Le père est mort, les fils vous retournent le champ. Les rois dans le ciel ont un juge sévère ; l'innocence y a un vengeur et l'orphelin y a un père. Je vous demande votre heure? Mon heure est le point du jour. Quelle est votre arme? Mon arme est l'épée. Dans quel lieu faudra-t-il vous attendre? J'irai vous prendre.

EXERCICE TRENTE-SIXIÈME

85, 86. — Perrette sur sa tête ayant un pot au lait bien posé sur un coussinet, prétendait arriver sans encombre à la ville. Légère et court vêtue, elle allait à grands pas, ayant mis ce jour-là pour être plus agile un cotillon simple et des souliers plats.

L'industrie est la main droite de la fortune, et l'économie en est la gauche. Contre tant d'ennemis, que vous reste-t-il? Il me reste moi. Le lait tombe : adieu le veau, la vache, le cochon, la couvée. Je plie et je ne romps pas. On peut être bon quoique en étant sévère. Il n'y a nulle paix pour l'impie. L'œil du maître fait plus d'ouvrage que ses deux mains. Tadmor est tombée en ruines. Ayez du courage! Je vous souhaite le bonsoir. La plus heureuse vie a plus de peines qu'elle n'a de plaisirs.

Mon Dieu, donne l'onde aux fontaines, donne la plume aux passereaux, donne la laine aux petits agneaux, donne l'ombre et la rosée aux plaines.

Donne aux malades la santé, donne au mendiant le pain qu'il pleure, donne à l'orphelin une demeure, donne au prisonnier la liberté.

Le présent appartient à tous tant que nous sommes : le passé appartient aux savants; l'avenir appartient aux grands hommes.

DU PLÉONASME.

—

EXERCICE TRENTE-SEPTIÈME

L'élève soulignera tous les mots qui forment pléonasme.

87. — Je le tiens ce nid de fauvette.
  Toi, mon fils, me seras-tu fidèle ?

Narbal et moi, nous admirions la bonté des dieux.

> Et moi je vais chercher, pour y passer la nuit,
> Cette guérite abandonnée.

> Les éclairs sont moins prompts, je l'ai vu de mes yeux,
> Je l'ai vu qui frappait ce monstre audacieux.

On cherche les rieurs, et moi je les évite.

Ce qui soutient le plus la santé, c'est la tempérance.

Je ne laisserai rien échapper : je regarderai de mes deux yeux, et j'écouterai de mes deux oreilles.

Elle m'instruisait en me faisant voir de mes yeux, dans les merveilles de leur instinct, ces traits d'intelligence et de sagesse. Voilà pour traiter toute une ville entière. O Télémaque ! craignez de tomber entre les mains de Pygmalion, votre roi : il les a trempées, ses mains cruelles, dans le sang de Sichée.

> Moi, des tanches ! dit-il ; moi, héron, que je fasse
> Une si pauvre chère ! Et pour qui me prend-on ?

Dormez votre sommeil, riches de la terre.

Il veut, lui, entendez-le bien, que rien ne se fasse sans sa permission.

> Hippolyte, lui seul, digne fils d'un héros,
> Arrête ses coursiers, saisit ses javelots.

EXERCICE TRENTE-HUITIÈME

L'élève fera disparaître les pléonasmes vicieux qui sont contenus dans cet exercice.

88. — Vous, jusque-là si grand, si généreux, vous refuseriez aujourd'hui de pardonner. Hélas ! elle est tarie, la source du bonheur ! Vous m'avez comblé de mille bienfaits. Ces fardeaux sont lourds et pesants. Entr'aidons-nous mutuellement les uns les autres. Les conquêtes d'Alexandre donnèrent lieu à ses capitaines de s'entr'égorger mutuellement les uns les autres. S'il ne veut pas vous le dire, moi je vous le dirai.

S'il ne veut pas vous le dire, moi je vous le dirai.

Je l'ai vu, dis-je, vu, de mes propres yeux vu, ce qu'on appelle vu.

Il faut toujours tendre à la perfection, et alors cette justice qui nous est quelquefois refusée par nos contemporains, la postérité peut nous la rendre. La flamme monte en haut. Cet isthme séparait par une langue de terre deux mers voisines. Il se vit forcé de renoncer, malgré lui, à son entreprise. Cicéron avait étendu les bornes et les limites de son empire. Assertions inutiles : moi, je ne vous crois point. Il ne sait pas, lui, tout ce que j'ai souffert pour le délivrer des mains perfides qui tramaient sa mort. Veut-elle, elle, que je l'aide? Il a parlé pendant trois heures d'horloge. Il m'a tenu debout sur mes jambes pendant deux heures de temps. Donnez-moi, s'il vous plaît, un petit peu de salade. Ainsi, il est convenu qu'on ne le contraindra pas à embrasser, malgré lui, cette carrière.

DE LA SYLLEPSE.

—

EXERCICE TRENTE-NEUVIÈME

L'élève soulignera les expressions sylleptiques, ainsi que les mots avec lesquels elles sont en rapport.

89. — Entre le *pauvre* et vous, vous prendrez Dieu pour juge,
Vous souvenant, mon fils, que, caché sous ce lin,
Comme *eux* vous fûtes pauvre et comme *eux* orphelin.

Le voyageur qu'arrête un obstacle liquide,
A l'écorce d'un bois confie un pied timide ;
Bientôt ils oseront, sur la foi des étoiles,
S'abandonner aux mers sur la foi de leurs voiles.

Pour former son nectar, il imite l'abeille,
Peuple heureux, dont sa muse a chanté les merveilles.

Mesdemoiselles, on ne sera pas toujours couronnées de force et de jeunesse : un temps viendra, et il n'est pas éloigné, où vous sentirez le néant de tout ce qu'on appelle la vie ; vos illusions tomberont une à une comme les feuilles de l'arbre au souffle de l'automne.

Un nombre infini d'oiseaux faisaient résonner ces bocages de leurs doux chants.

C'est un sage législateur qui, ayant donné à sa nation des lois propres à les rendre bons et heureux, leur fit jurer qu'ils ne violeraient jamais aucune de ses lois pendant son absence.

> Au bruit de son trépas, Paris se livre en proie
> Aux transports odieux de sa coupable joie.
> De cent cris de victoire, ils remplissent les airs.

EXERCICE QUARANTIÈME

89. — Quand le peuple hébreu entra dans la Terre promise, tout y célébra leurs ancêtres.

Cependant, le peuple, touché de compassion pour l'enfant et d'horreur pour l'action barbare du père, s'écrie que les dieux justes l'ont livré aux furies. La fureur leur fournit des armes : ils prennent des bâtons et des pierres : la discorde souffle dans tous les cœurs un venin mortel.

> Enfin, la foule entière, oppresseurs ou victimes,
> N'ont à délibérer que sur le choix des crimes.

On voit un grand nombre de personnes capables de faire une action sage : on en voit un plus grand nombre capables d'esprit et d'adresse : mais bien peu sont capables de faire une action généreuse. On cite des femmes spartiates une foule de mots qui annoncent le courage et la force.

> Je ne vois point le peuple à mon nom s'alarmer,
> Le ciel dans tous leurs cœurs ne m'entend point nommer.

Moïse dit au Seigneur : Que ferai-je à ce peuple ? bientôt ils me lapideront.

> La plupart emportés d'une fougue insensée,
> Toujours loin du droit sens vont chercher leur pensée.

DE L'INVERSION.

—

EXERCICE QUARANTE ET UNIÈME

Les phrases suivantes sont inverses ; l'élève les construira dans
l'ordre direct.

90, 91. — De nos ans passagers le nombre est incertain.
Quelle nuit ! quel silence ! au fond du sanctuaire,
A peine on aperçoit la tremblante lumière.

Un effroyable cri sorti du sein des flots,
Des airs en ce moment a troublé le repos.

Quand le soleil, de sa carrière,
Atteint le terme radieux...

Dès que l'aurore en son char remontait,
Un misérable coq à point nommé chantait.

Pour un âne enlevé, deux voleurs se battaient.

Sur la branche d'un arbre était en sentinelle
Un vieux coq adroit et matois.

Le pot de fer proposa
Au pot de terre un voyage.

Deux compagnons, pressés d'argent,
A leur voisin fourreur vendirent
La peau d'un ours encore vivant.

De la peau d'un lion l'âne s'étant vêtu,
Etait craint partout à la ronde.

Dans le cristal d'une fontaine
Un cerf se mirait autrefois,
Louait la beauté de son bois,
Et ne pouvait qu'avec peine
Souffrir ses jambes de fuseaux.

Pour les cœurs corrompus
L'amitié n'est point faite.
Un jeune enfant dans l'eau se laissa choir.

Du désir d'être heureux naît souvent le malheur.

Du palais d'un jeune lapin
Dame belette, un beau matin,
S'empara.   .   .   .   .   .   .

Un jour, deux pèlerins, sur le sable, rencontrent
Une huître que le flot y venait d'apporter.

EXERCICE QUARANTE-DEUXIÈME

L'élève rétablira les inversions dans les phrases suivantes qui ont
été mises à dessein dans l'ordre direct.

90, 91. — Le moucheron demeure où la guêpe a passé.
Le ciel voit ce monstre sauvage avec horreur.
Quand pourrai-je m'asseoir au foyer paternel?
Qui vit haï de tous ne saurait vivre longtemps.
Une colombe buvait le long d'un clair ruisseau.

La vallée de Tempé, une des plus belles que la
main du Créateur ait formées, est arrosée par le fleuve
Pénée. La chaîne de montagnes qui l'encadre est couverte de peupliers, de platanes, de frênes dont le nombre et la beauté ont excité l'admiration de tous ceux
qui les ont vus. De ces montagnes riantes des sources
d'une eau pure comme le cristal tombent; un frais
zéphir, que l'on respire avec une volupté secrète,
s'échappe des nombreux intervalles que le Créateur
a laissés entre leurs sommets. Le fleuve présente partout un canal tranquille, et en maints endroits il em-
brasse une infinité de petites îles tout émaillées
de fleurs; les grottes dont les flancs des montagnes
sont percés semblent être l'asile du repos et du plaisir.
Dans le département de l'Eure, plusieurs arbres se
trouvent dont la grosseur, plus encore que la vétusté,
attirent l'attention des voyageurs. L'if, dont la commune de Fouillebec se glorifie, est un des plus remar-
quables. Les pierres précieuses nous viennent de
l'Inde et du Brésil; on en a trouvé cependant dans
les sables que quelques ruisseaux de France roulent.

CHAPITRE V

Gallicismes, Synonymes, Homonymes.

DES GALLICISMES.

EXERCICE QUARANTE-TROISIÈME

L'élève traduira les gallicismes par une forme grammaticale
régulière.

92. — C'est sous l'équateur que se trouvent les animaux à poils ras.

Il y va de mon bien, il y va de ma gloire. C'était
autrefois l'usage en Egypte d'embaumer les morts.
Serviteur! dit-il, et de courir.

Ce que je sais le mieux, c'est le commencement.
Il ne fait que jouer. Il y a vingt ans que je ne l'ai vu.
Il faisait jour depuis longtemps.

> Le peu qu'il en restait n'osant quitter son trou,
> Ne trouvait à manger que le quart de son soûl.

Il a fait très-doux et très-beau toute la journée.
Il est beau de se vaincre soi-même. Il est glorieux
d'oublier une injure. Il me faut un livre. Ne point empêcher le mal quand on le peut, c'est l'ordonner. Que
d'étoiles au ciel!

> C'est du ciel attirer la vengeance
> Que de laisser soupçonner l'innocence.

EXERCICE QUARANTE-QUATRIÈME

92. — On a beau broyer les pierres, il n'en sort
pas d'huile.

> Autrefois carpillon fretin
> Eut beau prêcher, il eut beau dire,
> On le mit dans la poêle à frire.

Si j'étais que de vous. Il a beau essayer. Cela ne laisse pas de m'inquiéter. L'homme ne meurt pas, il ne fait que changer de vie. Il faut que vous travailliez. J'ai beau appeler, personne ne répond. Il n'y a point de belle prison. Est-ce donc pour veiller qu'on se couche à Paris. Il s'en fallait de vingt francs que la somme fût complète. Il était trois heures. L'avare ne fait rien de bien, si ce n'est de mourir. Il n'y a personne qui me plaigne. Il y a de la lâcheté à mentir. Ici on est égaux. Je lui en veux. C'est mal de parler ainsi. Il y a un Dieu. Il en est de la vie comme d'un fleuve. Oui, c'est sublime de s'oublier soi-même pour ne penser qu'à Dieu. Il faut prier Dieu. Il y a plusieurs jours que je souffre. Je venais de recueillir les dernières volontés du mourant. Ainsi dit le renard, et flatteurs d'applaudir. C'est se tromper que de croire au bonheur. C'est à vous que je parle. C'est par le mérite et non par la faveur qu'il faut chercher à s'avancer. Il ne fait que de sortir. Il ne fait que sortir. Carthage ne faisait que de succomber quand les Romains entreprirent de réduire Syracuse.

DES SYNONYMES.

—

EXERCICE QUARANTE-CINQUIÈME

L'élève remplacera chaque tiret par le terme convenable.

Adresse, souplesse, finesse, ruse, artifice.

93. — L — et l — merveilleuses que déploient la plupart des acrobates, sont plutôt acquises que natives.

Mazarin était doué d'une grande — et d'une — d'esprit fort remarquable ; ces deux facultés faisaient qu'il tirait un avantage réel d'un événement qui paraissait contraire au plan qu'il s'était auparavant tracé. Cette petite enfant est simple et naïve : je la préfère à

Yolande dont la — va jusqu'à la — et jusqu'à la —.
La parole de cet homme — est un piége tendu aux
gens simples et ignorants ; combien s'y sont déjà
laissé surprendre ! Cet homme a trop d — et trop d —
pour ne pas mener cette affaire à bonne fin ; fiez-vous
à lui.

Abattre, accabler, opprimer, oppresser.

93. — Les maux nous —. Un tyran nous —. Le
poids du chagrin nous —. Les revers — les âmes
faibles. Un orage peut — des arbres, des habita-
tions, etc. Les anciens chevaliers s'étaient institués les
défenseurs des —. Ce bouleau a été — par la tempête.
Les Romains ne pouvaient parvenir à — la tour An-
tonia qui défendait Jérusalem ; ce fait prouve la soli-
dité des constructions antiques. Louis-le-Débonnaire
descendit au tombeau — de tristesse et de chagrin.
Dieu punira sévèrement — de la veuve et de l'orphelin.

Au moins, du moins.

93. — *Au moins* signifie pour le moins : Louise sera
la première de sa division ou — la seconde ; *du moins*
n'est qu'un correctif d'une idée déjà énoncée : si cet
ouvrage n'a pas le mérite de la perfection, il a — celui
de la nouveauté.

Lieu désert, lieu solitaire.

93. — Lorsque nous nous trouvâmes au déclin du
jour dans ces lieux —, une horreur secrète s'empara
de nos sens et de notre âme. Lieux —, qui m'avez procuré tant de bonheur, je viens redemander à l'ombre
et au silence de vos bois la réflexion et la sagesse.

Contentement, satisfaction.

Un homme inquiet et jaloux n'est jamais content.

93. — Lorsqu'on ne souhaite plus rien, on est —.

Combien de fois arrive-t-il qu'on n'est pas — après s'être — . Mélène court après la fortune ; ses jours se passent en exploitations, en négociations, et ses nuits en calculs spéculatifs ; enfin la fortune arrive ; le voilà six fois millionnaire ; son orgueil éprouve un sentiment de — mais le — n'entrera pas dans son cœur, parce que l'ambition le gouverne.

Voir, apercevoir.

93. — Je — de loin une tour, mais je ne saurais — si elle est ronde ou carrée. Vous — vos défauts, mais vous ne les — pas tels qu'ils sont. Au dernier déclin du jour, on — les objets d'une manière confuse.

Entre et parmi.

93. — Les monts Jura sont situés — la France et la Suisse. Il y aura toujours des pauvres — vous, a dit Jésus-Christ ; vérité contre laquelle viendront échouer toutes les doctrines des phalanstériens et des communistes. — les Indiens il existe plusieurs castes. L'abus du pouvoir y a créé celle des parias, perpétuellement livrée à la misère et à l'ignominie.

Economie, ménage, épargne, parcimonie.

93. — Le — fait la richesse des Etats. Le — est nécessaire, point de prospérité sans son secours ; une maison, quelque opulente qu'elle soit, tombera en décadence si elle n'est pas gouvernée par une sage — . Le — fait la prospérité d'un intérieur. La première qualité d'une mère de famille est d'être bonne — . Un chef de famille doit — avec sagesse. Les pauvres sont obligés de — avec — , s'ils ne veulent pas être réduits à la dernière misère.

Feuillage, feuille.

93. — Les oiseaux chantent sous l — . Je n'ai rien à redouter de l'orage, répondit l'oiseau-mouche au colibri : il ne me faut qu' — pour me mettre à l'abri.

Rivage, rive, côte, bord.

93. — Ce soir nous irons faire une promenade au —
de la mer. Ces — sont dangereuses à cause des récifs
qui les longent dans toute leur direction. Les — de
l'Anio sont très-pittoresques. Lorsque Tobie descendit
sur l — du Tigre, il aperçut tout-à-coup un poisson
monstrueux qui l'aurait dévoré sans le secours de
l'ange.

> Mes sœurs, l'onde est plus fraîche aux premiers feux du jour ;
> Venez, le moissonneur repose en son séjour.
> La — est solitaire encore.

Gloire, honneur.

93. — Les vaniteux recherchent l — et la louange.
L — de ce monde passe comme une ombre légère.
Sully était le type de l'homme de — . Charles V mar-
cha toujours dans le sentier de — et de la sagesse.
L'auréole de l — ne préserve pas du malheur.

Dédain, fierté.

93. — L — qui n'est autre chose que l'expression
d'un sot orgueil, doit être combattu à outrance. Un air
— inspire l'aversion. L — peut être un peu moins
détestable que l — , c'est un défaut qu'il faut étouffer
dans son germe.

Bourg, village, hameau.

La proximité de notre château avec le — nous permet de nous approvisionner chaque semaine de toutes
sortes de denrées. L'église de ce — n'a aucun caractère d'architecture, aucun ornement ; mais en revan-
che la mousse couvre son toit, le lierre décore ses murailles ; les fleurs des champs, ses autels, et des cœurs
purs répandent l'encens de leurs prières dans cet asile
paisible où règne le Dieu trois fois saint. Il faut deux
heures de marche pour nous rendre au marché du — ,
et une heure pour nous rendre à l'église du — : sans

ces deux inconvénients, notre petit — serait un délicieux séjour.

Vice, défaut, imperfection.

93. — L'orgueil est —, la vanité est —. Les — du cœur, misères inhérentes à la nature humaine, sont pour les âmes saintes un sujet continuel d'humiliation. Les — sont les sources des —.

Monde, univers.

93. — La question de l'origine d — a préoccupé toutes les philosophies anciennes et a donné le sujet d'une multitude de fables, les unes gracieuses, les autres ridicules. La Bible seule nous a transmis dans toute sa vérité l'histoire de l'origine d — et de ce vaste —.

L'intérêt gouverne le —. Le spectacle de — est une preuve mathématique de la puissance de Dieu, de sa bonté et de sa sagesse.

Observer, faire observer.

93. — En — avec attention ce qui nous entoure, nous découvrons une foule de merveilles qu'on serait loin de soupçonner à la première vue.

Vous me — dans tous mes mouvements. Je lui ai — que ses emportements lui font beaucoup de tort. — jusqu'au moindre de ses défauts, ensuite vous les lui — afin qu'elle se corrige.

Vénération, révérence, respect.

93. — Nous devons — nos parents, — nos supérieurs, et — tous ceux qui ont reçu l'onction céleste de la sagesse et de la sainteté.

Gages, appointements, honoraires.

93. — Les domestiques qui servent avec fidélité et affection, méritent non-seulement de bons —, mais encore l'estime et la reconnaissance de leurs maîtres.

93. — Voici trois cents francs que vous donnerez en — de messes au pauvre desservant de notre paroisse. Cet instituteur ne touche pas la moitié des — qui lui sont dus ; heureusement que la commune lui alloue un fort —.

Étudier, apprendre.

93. — Celui qui — sans réfléchir n'— pas. Irma — toute la journée et n'— jamais rien. Le plus savant n'est pas celui qui a le plus —, mais celui qui a le plus et le mieux —.

Pire, pis.

Si ton prochain est dans l'affliction, ne te contente pas de dire : Tant —, porte-lui secours et consolation. L'égoïste est ennuyé et qui — est, ennuyeux. Celui qui croit choisir le meilleur prend souvent le —. Cette mauvaise langue dit — que pendre de tous ceux qui excitent son envie.

HOMONYMES

—

EXERCICE QUARANTE-SIXIÈME.

94. — *Ancre, encre.* On ne jette pas l'— dans le fleuve de la vie. Ne trempez jamais votre plume dans l'— de la colère.

Antre, entre. Dans la dernière excursion que nous fîmes nous visitâmes un — très-profond que les paysans appellent la grotte de Balthasar ; nous y entendîmes un bruit singulier qui nous ôta l'envie d'aller plus avant. — avec moi dans cette petite chapelle. L'espace compris — le jour et la nuit se nomme crépuscule.

Appas, appât. Ceux que les — de la gloire attirent et entraînent n'auront, hélas ! point de repos. Les vaniteux se laissent prendre à l'— de la flatterie. Les vers et les scarabées sont un excellent — pour prendre le poisson.

Are, arrhes, art, hart. L— est une surface qui a dix mètres de côté. Toutes les œuvres de charité sont des —' pour le ciel. Les beaux modèles inspirent le goût des beaux —. L — de l'imprimerie est dû à Guttemberg, né à Mayence en 1400; inventeur en 1436. Autrefois on donnait le nom de — à la corde avec laquelle on étranglait les criminels.

Auspice, hospice. Commençons cette année sous les — de la sainte Vierge. Les — de Lyon sont magnifiques. L — du mont Saint-Bernard a été fondé par saint Bernard de Menthon, en 982.

Autel, hôtel. Vos — ô mon Dieu ! sont mon asile et mon lieu de repos. Le nom d'— ne désigne pas seulement un établissement pour recevoir les voyageurs, il signifie aussi une maison meublée et ornée, habitée par un seul propriétaire ou locataire.

Anvers, envers. La cathédrale d'— est très-remarquable. Dieu usera — vous de la même mesure dont vous aurez usé — les autres. Cette étoffe est aussi jolie à l' — qu'à l'endroit.

Auteur, hauteur. L — de l'Imitation avait une connaissance approfondie du cœur humain. Les — satiriques se font beaucoup d'ennemis. A une — d'environ soixante kilomètres il n'y a plus d'air.

Cerf, serf, serre, sert. La biche est la femelle du —. Les — étaient attachés aux terres qu'ils cultivaient moyennant redevance et étaient vendus avec elles. Les — du Jardin-des-Plantes de Paris renferment une variété presqu'infinie de plantes exotiques. Que — à l'homme de gagner l'univers s'il vient à perdre son âme.

Corps, cor, cors. Le signal est donné : tous les — à la fois retentissent et les échos lointains apprennent aux montagnes que le roi des cerfs va mourir. Lorsque l'ange du dernier jugement aura sonné l'appel redoutable, toutes les âmes reprendront à l'instant les — qu'elles auront eu en cette vie. Les cornes qui sortent des perches du cerf se nomment — .

Signe, cygne. Ecoute, Phénéna, comme tout est calme, on n'entend que le souffle de la brise, et sur le lac tranquille les — sont endormis. Dieu imprima sur le front de Caïn un — qui devait rappeler à ses frères son crime et sa punition. Autrefois, lorsqu'une nation voulait cesser la guerre, elle envoyait au camp ennemi des députés tenant dans leurs mains des rameaux d'olivier en — de paix.

94. — *Date, datte.* L'Afrique produit en abondance des figues, des oranges, des grenades, des cocos, des — et des bananes. Sans la mémoire des — l'histoire ne présente plus à notre esprit qu'un amas confus d'événements.

Davantage, d'avantage. L'églantine, la giroflée, la violette et la pervenche sont des fleurs charmantes, par leur simplicité, mais la pervenche et la violette me plaisent — . Dans cette vie de quelques jours, il y a pour nous plus — à souffrir qu'à jouir, car la jouissance s'évanouit comme une fumée et laisse presque toujours des remords, tandis que la souffrance également passagère nous donne de la conformité avec le Christ et nous prépare ainsi à la gloire éternelle.

Faim, feint, fin. Ce sordide avare — toujours d'être pauvre et dénué, afin que personne ne lui demande rien. La — ne s'assied jamais au foyer de l'homme laborieux. A la — de la vie, quels regrets amers déchireront notre cœur si nous avons oublié Dieu. Ce long fil soyeux, — et d'une si parfaite blancheur que l'on voit quelquefois passer dans l'air pendant les beaux jours, a donné le sujet de touchantes et gracieuses légendes, connues sous le nom de fil de la vierge.

Lyre, lire. Dieu seul sait — dans les replis les plus cachés du cœur. Le chantre d'Ilion s'accompagnait de la — lorsqu'il faisait aux peuples ces merveilleux récits qui nous charment toujours.

Maître, mètre, mettre. On nomme disciple celui qui suit les enseignements d'un — et qui s'attache à sa doctrine. Le — carré est l'unité des mesures de superficie. Il faut — de l'application à tout ce que vous faites.

94. — *Mord, mors, mort, Maure ou More.* —, nom donné aux habitants de la Mauritanie et que portent généralement aujourd'hui les indigènes des côtes barbaresques. Le serpent — le sein qui le réchauffe. Ce cheval a pris — aux dents. Les anciens représentaient — sous la figure d'un squelette couronné, tenant d'une main un sablier et de l'autre une faux menaçante.

Mou, moue, moût, moud. Le — ou poumon de veau est très-pectoral. Si les enfants savaient combien ils se rendent ridicules lorsqu'ils font le — ; ils s'en abstiendraient toujours. Les enfants aiment singulièrement le vin — . On ne — plus, la rivière est trop basse.

Patère, Pater. Le divin Maître a renfermé dans le — tout ce que nous pouvons demander pour la gloire de Dieu, pour notre prochain et pour nous-mêmes. Le — était une espèce de soucoupe de bronze ou d'argent dont les anciens se servaient dans les sacrifices. On donne encore ce nom à un ornement de cuivre ou de bois servant à retenir des rideaux.

Pau, peau, Pô, pot. Le château de — où naquit Henri IV est d'un style remarquable. Le — de la girafe est tachetée comme celle du léopard. Le —, le plus grand fleuve de l'Italie, prend sa source au mont Viso, coule de l'ouest à l'est dans la haute Italie et se jette dans la mer Adriatique. Le choc de trois cents — de terre, et la lueur de trois cents flambeaux épouvantèrent et mirent en déroute toute une armée.

94. — *Plainte, plinthe.* Le cœur qui est insensible

à la — des malheureux trouvera dans le Seigneur un juge inexorable. La — est une plate-bande de bois ou de maçonnerie.

Saint, sain, sein, ceint, cinq. — religieux — du cordon de — François traversaient une rivière dangereuse dans une toute petite nacelle : un coup de vent survient : patatras ! tout est dans l'eau ; un pêcheur témoin de cet événement accourt en toute hâte, jette un câble dans le lieu où il avait vu disparaître les moines, et parvient à les retirer — et saufs du — des eaux.

Pois, poix, poids. Une âme vertueuse supporte avec calme le — de l'adversité. La — est une matière résineuse qui provient des pins et des sapins. La cosse et la tige des — composent un excellent fourrage.

Seine, saine, scène, cène. Une demeure exposée au levant et élevée au-dessus du sol est très — . Le bassin de la — a environ cinq cents kilomètres de long et trois cents de large. On donne le nom de — à la partie du théâtre où se fait la représentation ; ce nom signifie aussi la représentation elle-même. Au figuré, — signifie action vive et émouvante.

Tint, teint, thym, tain. Les habitants de la Tartarie ont le — jaune. La race américaine a le — cuivré. .

> Maître corbeau sur un arbre perché,
> Tenait en son bec un fromage,
> Maître renard à l'odeur alléché
> Lui — à peu près ce langage.

Le — est une plante aromatique qui croît en abondance dans les bois et dans les champs, et qui fournit aux abeilles un suc excellent pour la composition de leur miel. Le — est un amalgame ou mélange d'étain et de mercure qu'on applique en feuille mince derrière les glaces pour qu'elles réfléchissent les objets.

Thon, ton. Le — , dont la chair est très-savoureuse, a communément un ou deux mètres de longueur. Il est contre le bon — d'élever la voix en société.

2.

Tan, tant, temps, tend, t'en. La campagne et la solitude m'offrent — de charmes que c'est pour moi un véritable sacrifice de revenir à la ville. Le — est l'écorce de chêne pilée que les tanneurs emploient pour tanner le cuir. Ne perds point de —, je — conjure, — lui un prompt secours.

Vain, vainc, vingt, vin, vint. Dix-neuf fois sur — un verre de — le — ; mais Colas, c'est en — que tu — hier pour lui prêcher l'eau claire.

Vaud, vaut, veau. Dans le canton de — , un — ne — pas cher.

CHAPITRE VI

De la ponctuation.

DE LA VIRGULE

EXERCICE QUARANTE-SEPTIÈME

• Dans cet exercice et les suivants, l'élève fera l'application des règles de ponctuation indiquées par chaque numéro.

96. (1er, 2me et 3me emploi de la virgule.) — Les mélilots dorés les trèfles empourprés et les vertes graminées formaient des ondulations semblables à des flots. L'ordre l'économie le travail un petit commerce et surtout la frugalité nous entretenaient dans l'aisance. Il y a quelques années je conçus le projet d'étudier la France de connaître son sol ses monuments ses villes ses hameaux et cette vaste ceinture de fleuves de mers et de montagnes qui se déroulent des Pyrénées aux Alpes de la Méditerrannée à l'Océan.

Cependant à l'orée des bois on voit déjà fleurir les primevères les marguerites et les violettes qui bientôt disparaissent pour faire place en mai à l'hyacinthe bleue à la croisette jaune qui sent le miel au muguet parfumé au genêt doré au bassinet doré et vernissé et aux trèfles rouges et blancs.

Parmi les hommes illustres dont Londres est la patrie nous citerons Milton Bacon Thomas-Morus Halley Pope Hampden Temple Hogarth de Pitt Fox. Les monts Ourals renferment des mines d'or de cuivre de fer de platine et de diamants. La Russie exporte des cuirs des fourrures et des bois de construction très-estimés. On cultive le caféier le dattier et l'encens en Arabie ; le cocotier le citronnier l'indigotier et la canne à sucre dans les deux Indes ; le cannellier à Ceylan ; l'arbre à thé le pêcher et l'oranger dans la Chine. Le lentisque l'olivier le chêne vert et le chêne liége le sumac le palmier nain le cyprès et le myrthe couvrent les montagnes d'Algérie.

96 (3e emploi et remarque). — Ce jeune roi d'une mine haute et fière avait dans les yeux la fureur et le désespoir. Je me souviendrai toute ma vie d'avoir vu cette tête qui nageait dans le sang ces yeux fermés et éteints ce visage pâle et défiguré cette bouche entr'ouverte qui semblait vouloir encore achever des paroles commencées cet air superbe et menaçant que la mort même n'avait pu effacer. Les clairières de nos bois se panachent d'élégantes et hautes fougères. Le printemps en Bretagne est plein de grâce et de fraîcheur : les champs de genêts et d'ajoncs resplendissent de fleurs qu'on prendrait pour des papillons d'or posés sur des arbustes verts et bleuâtres. Les haies le long desquelles abondent la fraise et la framboise sont décorées d'églantiers et d'aubépine blanche et rose.

Je ne possède ni or ni argent ; mais ce que j'ai je vous le donne, dit saint Pierre en guérissant le boiteux qui implorait sa pitié. Ni vous ni moi ne sommes coupables. Quand on sort de maladie le bon bouillon ou le bon vin sont également propres à rendre les forces. L'avare et l'ambitieux n'ont jamais un instant de bonheur. Celui qui choisira la croix pour abri et le Christ pour modèle n'aura rien à craindre il se verra à couvert des assauts du démon et des séductions du monde. Ne soyez ni lâche ni téméraire mais prudent. L'orgueil ou la timidité lui a fait garder le silence.

Duguesclin, Bayard et Turenne étaient de véritables héros. Bossuet Massillon et Fénelon sont la gloire de l'éloquence chrétienne. La rose le chèvrefeuille le jasmin et la vigne vierge ornent de leurs gracieux festons les fenêtres de mon petit castel. L'or l'argent et tous les diamants de la couronne ne me charmeraient point ; je préfère mon toit rustique et ma vie ignorée au luxe des palais et à l'éclat des grandeurs.

96 (3ᵉ et 4ᵉ emploi). — Les cigognes font leurs nids sur le haut des toits ou au sommet des arbres et purgent des serpents les champs et les jardins. Le centre et le midi de l'Allemagne possèdent un grand nombre de vallées d'une très-grande fertilité et des montagnes renfermant des mines de fer et des pierres précieuses. L'ennemi disait : Je les poursuivrai et je les atteindrai ; je partagerai ses dépouilles et me satisferai pleinement. Je tirerai mon épée et ma main les fera mourir.

Vous avez répandu votre souffle et la mer les a enveloppés ; ils ont été submergés dans la violence des eaux et ils sont tombés comme une masse de plomb. Admirez les plantes qui naissent de la terre : elles ornent nos jardins et nos campagnes elles portent des fleurs odorantes et des fruits délicieux.

> L'arbre tient bon le roseau plie
> Le vent redouble ses efforts
> Et fait si bien qu'il déracine
> Celui dont la tête au ciel était voisine
> Et dont les pieds touchaient à l'empire des morts.

> L'attelage suait soufflait était rendu.
> Une mouche survient et des chevaux s'approche
> Prétend les animer par son bourdonnement
> Pique l'un pique l'autre et pense à tout moment
> Qu'elle fait aller la machine.

S'assied sur le timon sur le nez du cocher
    Aussitôt que le char chemine
    Et qu'elle voit les gens marcher
Elle s'en attribue uniquement la gloire.
Va vient fait l'empressée il semble que ce soit
Un sergent de bataille allant en chaque endroit
Faire avancer ses gens et hâter la victoire.

96 (4e et 5e emploi). — Le vieillard Théophane ami des dieux et prêtre du temple tenait pendant le sacrifice sa tête couverte d'un bout de sa robe de pourpre. Mentor qui avait pris plaisir à voir la tendresse avec laquelle Nestor venait de recevoir Télémaque profita de cette heureuse disposition. Ce vieillard admiré de toute la Grèce sembla avoir perdu toute son éloquence et toute sa majesté dès que Mentor parut avec lui.

Calypso étonnée et attendrie de voir dans une si vive jeunesse tant de sagesse et d'éloquence ne pouvait rassasier ses yeux en le regardant. Les barbares qui espéraient de surprendre la ville furent eux-mêmes surpris et déconcertés. Les sujets d'Aceste animés par l'exemple et par les paroles de Mentor eurent une vigueur dont ils ne se croyaient pas capables.

Certain ours montagnard ours à demi-léché
Confiné par le sort dans un bois solitaire
Nouveau Bellérophon vivait seul et caché.

Damoiselle belette au corps long et fluet
Entra dans un grenier par un trou fort étroit.

    J'ai lu chez un conteur de fables
Qu'un second Rodilard l'Alexandre des chats
    L'Attila le fléau des rats.
    Rendait ces derniers misérables.

Jérusalem ! Jérusalem ! s'écriait Jésus-Christ en pensant au jugement qui menaçait cette cité coupable j'ai voulu rassembler les enfants comme la poule rassemble ses petits sous ses ailes ; mais tu ne l'as pas voulu !

96 (6e emploi). — Celui qui sait maîtriser ses pas-

sions est digne d'une couronne. La science qui n'est pas appuyée sur la religion est vaine et trompeuse. Celui qui espère dans le Seigneur ne sera jamais ébranlé. Le nautonier qui s'aventure sur cette mer orageuse sans implorer le secours d'en haut périra infailliblement tandis que celui qui élève ses regards et son cœur vers le ciel n'aura rien à craindre. Les rois de France qui ont le plus mérité les sympathies du peuple sont Charlemagne Charles V Louis IX Louis XII et Henri IV. Celui qui étudie avec réflexion et persévérance aquerra de la science quelque défectueuse que soit sa mémoire. L'homme qui contemple la nature et qui l'étudie avec un cœur pur s'élève par degré au trône intérieur de la Toute-Puissance. Le vice qu'on a le plus de peine à pardonner c'est l'ingratitude.

EXERCICE QUARANTE-HUITIÈME

96 (7ᵉ emploi). — Mes petites amies venez que je vous donne de l'occupation puisque vous voulez bien m'être utile : distribuons les parts du travail : Louise achèvera cette jolie housse au crochet et Lucie ce joli tapis de mousse : Céline fera des bobèches et Jenny un écran ; Anaïs montera quatre branches de roses et Pauline six branches de lilas. Ces bananes viennent de Blida et ces oranges de Tunis. Le vaniteux passe son existence à semer le vent et l'ambitieux à poursuivre un fantôme. Le bouvreuil fait son nid parmi les roses et l'alouette dans les blés.

> Il n'est rien ici-bas qui ne trouve sa pente ;
> Le fleuve jusqu'aux mers dans les plaines serpente ;
> L'abeille sait la fleur qui recèle le miel ;
> Tout aile vers son but incessamment retombe :
> L'aigle vole au soleil ; le vautour à la tombe
> L'hirondelle au printemps et la prière au ciel.

Louisa recherche la compagnie des personnes sérieuses et Mélanie celle des gens du monde les plus vains et les plus désœuvrés.

Que de manières d'être différents dans le monde : l'un est avare et l'autre prodigue ; l'un égoïste et l'autre dévoué ; l'un aimable enjoué et l'autre sombre et farouche. Et c'est ainsi : la stupidité et le génie ; la sotte vanité et le vrai mérite ; la religion et l'impiété ; le mensonge et la vérité, tout s'en va pêle-mêle dans le chemin de la vie, et les innombrables misères qu'engendre le mal pressent chacun de nos pas dans ce triste voyage au terme duquel la Justice divine séparant les bons d'avec les méchants placera les uns dans l'Eden éternel et les autres dans le séjour des expiations sans fin.

DU POINT-VIRGULE

—

EXERCICE QUARANTE-NEUVIÈME

97. — Le touriste qui parcourt les Alpes sent vivement l'impuissance où se trouvent la peinture et la poésie de rendre sensible les beautés de la nature. Ce calme et cette pureté de l'air qu'on y respire l'aspect imposant de ces milliers de rochers colossaux qui s'élèvent jusqu'aux nues ce grand nombre de glaciers qui portent leurs croupes élargies la multitude de fleurs dont s'émaillent au printemps les pâturages des hauteurs ces chalets solitaires adossés contre les rochers et que protégent les tiges élancées des sapins ces troupeaux que vous voyez paître jusqu'au bord des abîmes la fraîcheur des eaux vives qui jaillissent sur les flancs des montagnes et dans tous les vallons ces nappes d'eau bleuâtres qui remplissent les bassins des vallées, tout cet ensemble fait éprouver à l'âme contemplative un charme qu'aucune expression ne saurait traduire.

Cette masse énorme de neige a bouleversé toutes les couches d'air qu'elle a parcourues dans sa chute les vents tempétueux sont nés de ce bouleversement subit les vapeurs se sont transformées tout-à-coup en nuages menaçants l'astre du jour a pâli une obscurité soudaine a envahi l'horizon, et, se déployant par degrés, a enseveli sous ses teintes noirâtres les forêts superbes, les paysages enchantés, les sites pittoresques et ces collines que les beaux jours avaient parées d'une si douce verdure.

DES DEUX POINTS

EXERCICE CINQUANTIÈME

98. — Maintenant de la mère entends le dernier vœu
Souviens-toi, si tu veux que Dieu ne t'abandonne,
Que le seul bien du pauvre est le peu qu'on lui donne
Prie et demande au riche, il donne au nom de Dieu
Ton père le disait Sois heureux ; adieu.
Et la mère avait dit Il faut nous séparer
Et l'enfant s'en allait à travers les grands chênes,
Se tournant quelquefois et n'osant pas pleurer.

La Convention avait envoyé Dubois-Crancé bombarder Lyon ; ne se trouvant pas encore rassasiée de tant de meurtres et de tant de carnage, elle décréta que la ville serait détruite, et que sur ses ruines on élèverait un monument portant cette inscription Lyon fit la guerre à la liberté, Lyon n'est plus !

Pendant le siége de Paris, Henri IV, touché jusqu'aux larmes de la misère des assiégés, s'écriait je ne veux pas régner sur les morts. Et encore je ressemble à la vraie mère qui comparut devant Salomon j'aimerais mieux n'avoir point de Paris que de l'avoir en lambeaux.

En parcourant le lieu qu'occupait l'antique Jérusalem, le voyageur éprouve une terreur secrète qui, loin d'abaisser l'âme donne du courage et élève le génie. Des aspects extraordinaires décèlent de toutes parts une terre travaillée par des miracles le soleil brûlant, l'aigle impétueux, l'humble Hysope, le cèdre superbe, le figuier stérile, toute la poésie tous les tableaux de l'Ecriture sont là. Chaque nom renferme un mystère, chaque grotte déclare l'avenir, chaque sommet retentit des accents d'un prophète. Dieu même a parlé sur ces bords les torrents desséchés, les rochers fendus, les tombeaux entr'ouverts attestent le prodige : le désert paraît encore muet de terreur, et l'on dirait qu'il n'a osé rompre le silence depuis qu'il a entendu la voix de l'Eternel.

On distingue quatre espèces de narrations la narration historique, la narration poétique, la narration badine ou le conte et la narration oratoire.

> Il ne se faut jamais moquer des misérables
> Car qui peut s'assurer d'être toujours heureux ?

> Toute puissance est faible à moins que d'être unie
> Ecoutez là-dessus l'esclave de Phrygie.

> Travaillez, prenez de la peine .
> C'est le fond qui manque le moins.

DES DEUX POINTS, DU POINT INTERROGATIF, DU POINT EXCLAMATIF, DES POINTS DE SUSPENSION, DU TIRET.

EXERCICE CINQUANTE ET UNIÈME

De 98 à 103. — La poitrine du martyr se soulève, l'appareil de ses plaies se brise et son sang coule en abondance le peuple, saisi de pitié, tombe lui-même à genoux et répète avec les soldats sacrifiez alors Eudore d'une voix sourde où sont les aigles

Les soldats frappent leurs boucliers en signe de triomphe et se hâtent d'apporter les enseignes Eudore se lève, les centurions le soutiennent : il s'avance aux pieds des aigles ; le silence règne parmi la foule : les évêques se voilent la tête de leurs robes, et les confesseurs poussent un cri à ce cri, la coupe tombe des mains d'Eudore, il renverse les aigles et se tournant vers les martyrs, il dit je suis chrétien.

De 98 à 103. — L'abbé de Molière était un homme simple et pauvre, étranger à tout, hors à ses travaux sur le système de Descartes il n'avait point de valet et travaillait dans son lit faute de bois, sa culotte sur sa tête par-dessus son bonnet; les deux côtés pendants à droite et à gauche un matin, il entend frapper à sa porte qui est là ouvrez il tire un cordon, et la porte s'ouvre l'abbé de Molière ne regardant point qui êtes-vous donnez-moi de l'argent de l'argent oui, de l'argent ah j'entends, vous êtes un voleur voleur ou non, il me faut de l'argent vraiment oui, il vous en faut eh bien cherchez là dedans il tend le cou et présente un des côtés de sa culotte le voleur fouille eh bien, il n'y a point d'argent vraiment non : mais il y a une clef eh bien cette clef, prenez-là je la tiens allez-vous-en à ce secrétaire ; ouvrez le voleur met la clef à un autre tiroir laissez donc, ne dérangez pas, ce sont mes papiers ventrebleu, finirez-vous ce sont mes papiers à l'autre tiroir vous trouverez de l'argent le voilà eh bien prenez fermez donc le tiroir le voleur s'enfuit monsieur le voleur, fermez donc la porte morbleu il laisse la porte ouverte quel chien de voleur il faut que je me lève, par le froid qu'il fait maudit voleur l'abbé saute en pied, va fermer la porte et revient se remettre à son travail, sans penser peut-être qu'il n'avait pas de quoi payer son dîner.

De 98 à 103. — Votre patrie, c'est le ciel, et quand vous regardez le ciel, est-ce qu'en vous il ne se remue rien est-ce que nul désir ne vous presse, ou ce désir est-il muet

Il en est qui disent à quoi bon prier Dieu est trop au-dessus de nous pour écouter de si chétives créatures

Et qui donc a fait ces créatures chétives qui leur a

donné le sentiment, et la pensée, et la parole, si ce n'est Dieu

> O douce paix
> O lumière éternelle
> Beauté toujours nouvelle.

Heureux le cœur épris de tes attraits
Heureux le cœur qui ne te perd jamais
Nulle paix pour l'impie, il la cherche, elle fuit ;
Et le calme en son cœur ne trouve point de place
Le glaive au dehors le poursuit
Le remords au dedans le glace.

Oui, c'est un Dieu caché que le Dieu qu'il faut croire
Mais tout caché qu'il est pour révéler sa gloire,
Quels témoins éclatants devant moi rassemblés
Répondez, cieux et mers, et vous, terre, parlez
Quel bras peut vous suspendre, innombrables étoiles
Nuit brillante, dis-nous qui ta donné tes voiles
O cieux que de grandeur et quelle majesté

DES GUILLEMETS

EXERCICE CINQUANTE-DEUXIÈME

104. — Henri IV, sur le point de livrer bataille, disait : Je suis votre roi, vous êtes Français, voilà l'ennemi. Galgacus, chef des Calédoniens, dit à ses compagnons, en marchant contre les Romains : En allant au combat, songez aux ancêtres et à la postérité.

Bossuet a fait en deux mots l'histoire des déceptions humaines : Nous traînons jusqu'au tombeau la longue chaîne de nos espérances trompées.

Cicéron a atteint le sublime de la pensée lorsqu'il a écrit : L'homme ne se rapproche jamais autant de la Divinité que lorsqu'il sauve les hommes.

Cette comparaison de Mme de Sévigné est fort plaisante : En vérité, j'ai eu bien de la peine ; je suis justement comme le médecin de Molière qui s'essuyait le front pour avoir rendu la parole à une fille qui n'était pas muette.

Admirez la beauté de ce passage :

Comme le pauvre laboureur, au déclin du jour, quitte sa chaumière, et assis devant la porte, oublie ses fatigues en regardant le ciel : ainsi, quand le soir se fait, l'homme d'espérance regagne avec joie la maison paternelle, et, assis sur le seuil, oublie les travaux de l'exil dans les visions de l'éternité.

Voici un bel exemple d'allégorie emprunté à Châteaubriand :

Il est dans le ciel une puissance divine, compagne assidue de la Religion et de la Vertu. Elle nous aide à supporter la vie, s'embarque avec nous pour nous montrer le port dans les tempêtes, également douce et secourable aux voyageurs célèbres et aux passagers inconnus. Quoique ses yeux soient couverts d'un bandeau, ses regards pénètrent l'avenir. Quelquefois elle tient des fleurs naissantes dans sa main, quelquefois, une coupe pleine d'une liqueur enchanteresse : rien n'approche du charme de sa voix, de la douceur de son sourire : plus on avance vers le tombeau, plus elle se montre pure et brillante aux mortels consolés. La Foi et la Charité lui disent : Ma sœur, et elle se nomme l'Espérance.

DE L'ALINÉA.

—

EXERCICE CINQUANTE-TROISIÈME

L'élève emploiera l'alinéa selon la règle et ponctuera cet exercice donné sous forme de récapitulation.

Les Pêcheurs.

106. — Au fond d'une petite anse sous une falaise creusée à sa base par les flots entre les rochers où

pendaient de longues algues d'un vert glauque deux hommes l'un jeune l'autre âgé mais robuste encore appuyés contre une barque de pêcheur attendaient la marée qui montait lentement à peine effleurée par une brise mourante se gonflant près du bord la lame glissait mollement sur le sable avec un murmure faible et doux quelque temps après on voyait la barque s'éloigner du rivage et s'avancer vers la haute mer la proue relevée laissant derrière elle un ruban d'écume blanche le vieillard près du gouvernail regardait les voiles qui tantôt s'enflaient tantôt s'affaiblissaient comme des ailes fatiguées son regard alors semblait chercher un signe à l'horizon et dans les nuées stagnantes puis retombant dans ses pensées on lisait sur son front bruni toute une vie de labeur et de combats soutenue sans fléchir jamais le reflux creusait dans la mer calme des vallons où se jouait la pétrelle gracieusement balancée sur des ondes luisantes et plombées du haut des airs la mauve s'y plongeait comme une flèche et sur la pointe noire d'un rocher le lourd cormoran reposait immobile le moindre accident un léger souffle un jet de la lumière variait l'aspect de ces scènes changeantes le jeune homme replié en soi les voyait comme on voit en songe son âme ondoyait et flottait au bruit du sillage semblable au son monotone et faible dont la nourrice endort l'enfant.

Soudain sortant de sa rêverie ses yeux s'animent l'air retentit de sa voix sonore au laboureur les champs au chasseur les bois au pêcheur la mer et ses flots et ses récifs et ses orages le ciel au-dessus de sa tête l'abîme sous ses pieds il est libre il n'a de maître que soi comme elle obéit à sa main comme elle s'élance sur les plaines mobiles la frêle barque qu'animent les souffles de l'air il lutte contre les vagues et les soumet il lutte contre les vents et les dompte qui est fort qui est grand comme lui où sont les bornes de ses domaines quelqu'un les trouvera-t-il jamais partout où s'épanche l'Océan Dieu lui a dit va ceci est à toi ces filets recueillent au fond des eaux une moisson vivante il a des troupeaux innombrables qui s'engraissent pour lui dans les pâturages que recouvrent les mers des fleurs violettes bleues jaunes pourprées éclosent en leur sein et pour charmer ses regards les nuages lui offrent de vastes plages de beaux lacs azurés de larges fleuves et des montagnes et des vallées et des villes fantastiques tantôt plongées dans l'ombre tantôt illuminées de toutes les splendeurs du couchant oh qu'elle m'est douce la vie du pêcheur que ses rudes combats et ses mâles joies me plaisent cependant ma mère quand la nuit le grain tout à coup ébranle notre cabane de quelles transes votre cœur est saisi comme vous vous relevez toute tremblante pour invoquer la Vierge divine qui protége les pauvres matelots à genoux devant son image vos pleurs coulent pour votre fils poussé par le tourbillon dans les ténèbres vers les écueils où l'on entend les plaintes des trépassés mêlées à la voix de la tempête.

FIN DE LA DEUXIÈME PARTIE.

EXERCICES

SUR LA TROISIÈME PARTIE

DE LA GRAMMAIRE

CHAPITRE PREMIER

Du Substantif ou du Nom.

DU GENRE DE QUELQUES SUBSTANTIFS.

EXERCICE PREMIER.

Dans tous ces exercices, les mots qui ont rapport aux règles sont au masculin ; l'élève corrigera.

1. — Votre bonne volonté est pour nous un aide puissant. Cette femme est l'un de ses aides. Son aide m'a été très-avantageux. Ma sœur a besoin d'aide, elle demande le vôtre. Cet architecte demande deux aides très-experts et très-habiles. La comtesse Mathilde fut un aide puissant de Grégoire VII : elle livra soixante batailles pour affermir la puissance temporelle des papes. Venez, chères petites, que je vous récompense : vous avez été pour moi deux aides dévoués. C'est à tort que vous appelez François un aide de cuisine, ce n'est qu'un gâte-sauce.

2. — Le condor, le plus grand des aigles connus, a dix mètres d'envergure. L'aigle audacieux, planant au haut des airs, dispute à un autre aigle les limites de

son vaste empire. Un aigle ne pond qu'un œuf. Les aigles romains n'étaient point des aigles peints sur des drapeaux ; c'étaient des aigles d'argent ou d'or placés au haut d'une pique. L'aigle est furieux quand on lui ravit ses petits. Cet orateur n'est pas un aigle. Rien n'égale l'aigle de Maux : il s'élève rapide, majestueux, à des hauteurs où nul autre n'est encore parvenu.

EXERCICE DEUXIÈME.

3. — L'automne a été pluvieux. C'est mon dernier automne. Un automne nébuleux porte à la mélancolie les tempéraments faibles et nerveux. Adieu riant automne. L'automne couronné de pampres appelle les joyeux vendangeurs.

4. — Nous avons assez d'un couple de pigeons pour notre dîner. Il faut à peu près dix kilos de blé par an pour nourrir un couple de moineaux. Un couple d'amis. Un couple de fripons. Il me faudrait un couple d'écus pour solder cette facture. Le fermier a acheté un beau couple de bœufs pour labourer les terres que je lui ai vendues. Quel vilain couple que la sottise unie à l'orgueil !

5. — Quel délice ne cause pas une bonne action ! C'est un délice de se promener en été sous de frais ombrages. L'étude des trois règnes de la nature m'offre de vrais et purs délices. C'est un délice que de contribuer au bonheur des autres. O véritable religion que tes délices sont puissants ! Les délices sont tout entiers dans l'accomplissement de la volonté divine. Les délices du cœur sont plus touchants que ceux de l'esprit. Les délices trompeurs qu'offre le monde sont toujours suivis de cuisants repentirs. Quels délices touchants que celles d'assister les malheureux.

EXERCICE TROISIÈME.

5. — La cathédrale de Milan possède deux grands orgues. L'orgue divin exhale un son religieux. Peu

d'orgues ont été plus estimés que celui de Saint-Eustache qui fut brûlé le jour de Pâques mil huit cent quarante-cinq.

> La voûte de la nef, sous ses longs arcs déserts,
> De l'orgue harmonieux, n'entend plus les concerts.

La cathédrale de Saint-Denis-les-Paris possède les plus beaux orgues de France. Le premier orgue qui parut en France fut donné à Pépin-le-Bref par Constantin Copronyme, empereur d'Orient.

6. — Tais-toi, méchant enfant ! si l'on ajoutait foi à tes rapports, tes petits camarades seraient toujours punis. Louise n'est pas un méchant enfant ; ses fautes ne proviennent que de son étourderie. Venez, petits enfants, Jésus vous tend les bras ; pour gagner votre amour, il s'est fait petit enfant comme vous. Un enfant au matin de la vie fleurit comme un bouton de rose, et il doit éviter que la séduction ne vienne le gâter comme les vers gâtent souvent les fleurs. Cette jeune fille, enfant doux et aimable, mérite des éloges pour sa belle conduite envers les malheureux.

7. — L'homme par son génie est parvenu à maîtriser le foudre. Les foudres vengeurs de l'Eglise ont frappé l'orgueilleux Luther. Le fameux foudre de Heidelberg contient, dit-on, plus de deux cents barriques de vin. Bossuet est un foudre d'éloquence. Les armes de l'empire français sont un aigle tenant un foudre dans ses serres. Les païens representaient Jupiter le foudre à la main. Si vous faites le parallèle de César et d'Alexandre, vous voyez que l'ambition fut toujours le mobile de ces deux grands foudres de guerre.

EXERCICE QUATRIÈME.

8. — Quels pauvres gens que les avares ! Vous n'appréciez pas ces bons gens. Les gens heureux ne se corrigent guère. Quels vilains gens vous avez choisi là pour votre société !

> Tous les gens gais ont le don merveilleux
> De mettre en train tous les gens sérieux.

Pygmalion n'était environné que de gens intéressés, prêts à exécuter ses ordres injustes et sanguinaires. De tels gens craignaient l'autorité d'Astarbé et ils lui aidaient à tromper le roi. Tous ceux que le seul intérêt gouverne ne sont pas des gens estimés. Nous avons donné l'hospitalité à tous les honnêtes gens qui nous l'ont demandée. L'hôtel Rambouillet était le rendez-vous de tous les gens de lettres et de tous les gens de cour qui se piquaient d'esprit. Il y a certains gens de lettres qui se rendent insupportables par leur prétention et leur pédantisme. Les vieis gens sont plus sensés que nous, parce qu'ils ont plus d'expérience et moins de passions. Oh ! qu'heureux sont les gens pieux et fervents. Beaucoup de gens estimés sages étudient toute leur vie ; à la mort ils ont tout appris, excepté à penser. Tous les gens de guerre ne peuvent pas être comparés à Bayard. Les faux honnêtes gens sont ceux qui déguisent leurs défauts aux autres et à eux-mêmes. Vous avez chez vous des gens bien rusés, je n'ose pas dire fripons, prenez garde !

EXERCICE CINQUIÈME.

9. — Les chevaux de Perse sont aisés à nourrir : on ne leur donne que de l'orge mêlé avec de la paille hachée mince. L'orge mondé sert aux bouillies que l'on apprête de différentes manières. Si le beau temps continue, dans deux semaines les orges seront mûrs. L'orge bien nettoyé s'appelle orge mondé. On appelle orge perlé, l'orge qui est réduit en petits grains.

10. — Comme les Juifs au festin de Pâque, on assiste au banquet de la vie, à la hâte, debout, les reins ceints d'une corde, les souliers aux pieds, et le bâton à la main. On appelle Pâques fleuris le dimanche des Rameaux ; et Pâques clos le dimanche de Quasimodo. Mettez-vous en état de faire de bons pâques. Pâques est tardif cette année. Je vous paierai à Pâques prochain. Après avoir célébré Pâque avec ses disciples, Jésus-Christ institua la sainte Eucharistie. Quand Pâques sera venu, nous irons cueillir dans les

champs et dans les haies les petites marguerites roses et blanches et les violettes parfumées.

EXERCICE SIXIÈME.

11. — J'ai vu quelque chose de bien surprenant. Si je perds quelque chose je le remplacerai. Quelque chose que nous disions dans un moment d'emportement, il est bien rare qu'il ne nous cause pas des regrets. S'il y a quelque chose de nouveau, je vous demande en grâce de me le dire. N'entreprenez rien témérairement ; mais quand vous aurez résolu quelque chose, exécutez-le avec rigueur. Quelque chose qu'il eût fait, il ne le niait point. Quelque chose que vous ayez promis, donnez-le, si vous pouvez le faire sans enfreindre la loi de Dieu.

12. — Lorsque les bardes eurent entonné les hymnes guerriers, les Gaulois se précipitèrent sur l'ennemi avec une impétuosité terrible. On chante encore dans les églises des hymnes composés par le roi Robert le Pieux. Il y a dans l'Eglise latine des hymnes nombreux d'une musique charmante. Seigneur ! quels hymnes sont dignes de vous ? Les beaux hymnes de saint Thomas d'Aquin inspirent l'âme et la transportent jusqu'à Dieu.

Encore un hymne, ô ma lyre !
Un hymne pour le Seigneur,
Un hymne dans mon délire,
Un hymne dans mon bonheur.

DU PLURIEL DES SUBSTANTIFS PROPRES

EXERCICE SEPTIÈME

Tous les substantifs propres sont au singulier, l'élève les écrira selon la règle.

13. — Washington n'appartient pas, comme Bonaparte, à cette race des *Alexandre* et des *César*, qui

dépasse la stature de l'espèce humaine. La connaissance d'un Dieu n'a point été particulière aux *Socrate*, aux *Platon* : elle est commune aux Tartares, aux Indiens, aux sauvages et à tous les hommes. Il est certain qu'il ne se trouve plus de ces âmes vigoureuses ou raides de l'antiquité : des *Aristide*, des *Phocion*, des *Périclès*, ni enfin des *Socrate*. Ce libraire m'a envoyé trois *Corneille* à la place de trois *Boileau*. Les pyramides d'Egype s'en vont en poudre, et les graminées du temps des *Pharaon* subsistent encore. Entre toutes les familles royales, celle des *Stuart* et celle des *Bourbon* ont été, sans contredit, les plus malheureuses.

13. — C'est en Hollande que l'on trouve communément des enfants au teint frais, les plus beaux blonds, les plus belles carnations et des hommes semblables à des *Hercules*. J'avais acheté des *Rouen* ; mais j'aurais mieux fait de prendre des *Nord* ou des *Strasbourg* ; les *Avignon* ont encore baissé hier, ainsi que les *Versailles* et les *Saint-Germain* ; c'est pourquoi j'ai donné l'ordre à mon agent de change d'acheter quatre rives gauches et autant de rives droites. Si les qualités morales se transmettaient par la naissance, on verrait des races invariables de *Socrate*, de *Caton*, de *Solon* et d'*Aristide*. Qui nous dit que de nos jours, parmi les nations policées ou barbares, on ne trouverait pas des *Homère* et des *Lycurgue* occupés aux plus viles fonctions. L'histoire des douze *César* commence à *Jules César* et finit à *Domitien*. Ce furent les vices et les flatteries des Grecs et des Asiatiques esclaves à Rome qui y formèrent les *Catilina*, les *César*, les *Néron*. Vaincu à Culloden, en 1745, Charles-Edouard, le dernier des *Stuart*, vint chercher un asile en France. Les plus florissantes cités : les *Babylone*, les *Ninive*, les *Thèbes*, les *Palmyre* et les *Carthage*, n'offrent plus que des ruines éparses, ensevelies sous la poussière. On estime généralement les ouvrages des *Buffon* et des *Cuvier* : ces deux grands peintres de la nature ont fait des découvertes immenses dans les sciences

naturelles. L'Espagne s'honore d'avoir produit les deux *Sénèque*. Catherine de Médicis nourrit la haine des *Condé* contre les *Guise*. Les trois *Marie* vinrent recevoir le corps de Notre-Seigneur, et l'embaumèrent. La guerre que se firent Henri III, Henri de Navarre et Henri de Guise est connue sous le nom de guerre des trois *Henri*. Que de rois auraient fait parler de leur gloire, s'ils avaient eu pour illustrer leur règne les *Vauban*, les *Condé*, les *Turenne*, les *Bossuet*, les *Fénelon*, les *Racine*, les *Corneille*, etc.

> Ma gloire a disparu comme une ombre légère ;
> Autour de moi, je vois épars
> Les antiques débris du trône des *César*
> Enseveli dans la poussière.

DU PLURIEL DES MOTS INVARIABLES PRIS SUBSTANTIVEMENT

EXERCICE HUITIÈME

L'élève soulignera les mots qui ont rapport à la règle.

14. — Les qui, les que trop multipliés donnent à la phrase quelque chose de dur et de désagréable à l'oreille.

> Ami, je n'irai plus rêver si loin de moi,
> Dans les secrets de Dieu, les comment, les pourquoi.

J'ai tous les neuf dans mon jeu. L'enfant qui vous accable de si et de mais quand vous lui commandez quelque chose, fait preuve de mauvaise volonté.

> Encore des non, toujours ce chien de ton,
> Et toujours non quand on parle à Rondon !

Saint Jean, l'un des douze fut le seul qui n'abandonna pas le divin Maître lors de sa Passion. Les mots qui ont deux o ou deux a de suite ne sont pas d'origine française. Trois quatre de suite font quatre cent quarante-quatre. Les quand, les qui, les quoi pleuvent.

> Les quand, les qui, les quoi, pleuvent de tous côtés,
> Sifflent à mon oreille, en cent lieux répétés.
> Il ne demande pas les comment, les pourquoi,
> Les définitions le font pâlir d'effroi.

Plusieurs peu font un beaucoup. Il ajoute foi à tous les on dit qui courent dans le village. Les oui, les non, sont les seuls mots que je lui ai entendu prononcer. Trois un de suite font cent onze en chiffres arabes.

DU PLURIEL DES SUBSTANTIFS DÉRIVÉS DES LANGUES ÉTRANGÈRES

—

EXERCICE NEUVIÈME

Tous les mots en italique sont au singulier; l'élève fera accorder ceux que l'usage a francisés.

15. — Nous allons ce soir entendre chanter les *alleluia* dans l'église de la Madeleine. Il faut d'énormes capitaux pour combler les *déficit* du budget d'un grand Etat. Dans presque tous les ouvrages, on trouve des *errata*. La civilité interdit les *post-scriptum* dans les lettres cérémonieuses, et les trop longs *aparté* en société. Les *muséum* de Paris font l'admiration des étrangers par la richesse de leurs collections. Les *lazzarone* forment une grande partie de la population de Naples. Tous les *factotum* se donnent, en général, un air d'importance. Ma chambre est encombrée, ces jours-ci, d'*in-folio*, d'*in-quarto*, bouquins poudreux exhumés d'une boutique de *bric-à-brac*. Les *Te Deum* qu'on chante après le succès d'une bataille font pleurer bien des mères. Dans beaucoup d'ouvrages écrits

par les Bénédictins, les *recto* et les *verso* des feuillets et les majuscules des *alinéa* sont ornés de riches vignettes dorées et enluminées à la main. Louis XIV se plaisait et se connaissait aux choses ingénieuses, aux *impromptu*, aux chansons agréables. Ne confondez pas les autographes avec les *fac-simile :* les premiers sont écrits de la main même de l'auteur ; les seconds ne sont qu'une imitation des premiers.

15. — Les mauvais écoliers sont accablés de *pensum* et privés d'*exeat ;* les bons obtiennent des *satisfecit*, et ont à la fin de l'année des prix ou des *accessit*. Le nombre prodigieux d'*ex-voto* qui tapissent la chapelle de Notre-Dame de Fourvière, atteste la puissance et la bonté de la divine Vierge. Les *carbonaro* forment en Italie une société redoutable par le grand nombre de ses membres, et plus encore par ses condamnables principes. Veuillez nous procurer pour cette soirée musicale deux *ténor* et deux *soprano*. Faites des *auto-da-fé* de toute cette mauvaise littérature, de tous ces romans qui ont déjà corrompu tant de pauvres cœurs ! Les *agenda*, véritables *vade-mecum*, contiennent une foule de renseignements et servent de *memento*. Les gens distraits sont sujets aux *quiproquo*. La fatuité et la sottise de cet élève lui attirent une foule de *quolibet*. La plupart des acteurs mènent une vie misérable : il leur arrive plus d'une fois de se retirer dans leurs mansardes, le cœur gros de toutes les injures et de tous les *lazzi* de la multitude. Vous avez oublié les *duplicata* que je vous ai demandés. Ces deux *ecce homo* ne sont qu'une copie de l'admirable chef-d'œuvre que j'ai vu au Vatican. Voici Pâques ! les joyeux *alleluia* et les *Regina cœli* vont retentir sous les voûtes de nos cathédrales et sous le chaume des pauvres églises de campagne.

DU PLURIEL DES SUBSTANTIFS COMPOSÉS

—

EXERCICE DIXIÈME.

Tous les mots en italique sont au masculin singulier, l'élève les écrira selon la règle.

17. — Les *martin-pêcheur* et une foule d'oiseaux riserains embellissent, par l'émail de leurs couleurs, les bords des fleuves de l'Asie et de l'Afrique. Les pigeons polonais sont plus gros que les *pigeon-paon*. C'est dans les contrées les plus chaudes du Nouveau-Monde, que se trouvent toutes les espèces d'*oiseau-mouche*. Les *reine-marguerite* et les asters, le souci et les soleils, portent tous des fleurs radiées. Les *serpent-à-sonnette* sont couverts d'écailles qui font un bruit semblable à celui de plusieurs sonnettes.

> Buffon avait un singe, un grave *orang-outang*,
>   Qui de valet faisait l'office.

Montez dans l'atelier, vous en descendrez trois palettes et deux *appui-main*. La Grèce a des bois de *laurier-rose*. Les *loup-cervier* sont des quadrupèdes carnassiers qui ressemblent au chat.

> Puis-je oublier l'œillet de la vallée,
> Le *bouton-d'or*, la pâle giroflée,
> Le chèvrefeuille à l'odeur parfumée.

Les *chou-navet* et les *chou-fleur* sont de la famille des crucifères. C'est au Catholicisme que l'on doit la création des *hôtel-Dieu* et des *Quinze-Vingt*. Avez-vous un permis de chasse ? — Non. — Prenez garde, vous pourriez bien devenir, vous-même, le gibier des *garde-chasse*. Votre bouledogue est un véritable cerbère pour les *nouveau-venu*. Les deux *bas-relief* que vous avez remarqués proviennent des fouilles d'Herculanum. La dernière chambre de la tour était occupée par deux énormes *chat-huant* qui prirent leur vol en poussant des cris affreux. Ces nombreux châteaux servent de *pied-à-terre* à tous les amis de notre excellent comte. Les jeunes personnes aiment beaucoup les *vol-au-vent*.

17. — Ces *chien-loup* sont fort méchants. Les *gros-becs* habitent les régions tempérées. Enfants, hâtez-vous de rassembler vos volants et vos *cerf-volant*. Les dames et les *petit-maître* ont toujours révéré la mode, et même enchéri sur elle. Les civettes cherchent comme les renards à entrer dans les *basse-cour* pour emporter les volailles. Nous vîmes des *poisson-volant*. Deux *chauve-souris* sont entrées dans ma chambre. Ne cherchez pas de *faux-fuyant*, vous ne pourrez moins faire que de convenir de vos torts. Ces *plate-forme* font un contraste singulier avec le reste de l'édifice. Faites-moi un bouquet de *pied-d'aloutte*, de *pied-de-chat*, de *gueule-de-loup*, d'*oreille-d'ours* et de *passe-rose*. Lorsque l'orage eut cessé, nous vîmes trois *arc-en-ciel*. La culture des *ver-à-soie* qui exige dans nos contrées tant de précautions, n'en demande presque point dans certaines régions du Tonkin et de la Chine. Les *chef-lieu* des départements ont remplacé les capitales des anciennes provinces. Les greniers de cet édifice ne sont éclairés que par des *œil-de-bœuf*. Les *reine-claude* confites avec des *eau-de-vie* choisies, sont recherchées. Les *épine-vinette* sont de petits arbres épineux dont le fruit a la forme d'une grappe de raisin. Allons, chères enfants, étudiez avec soin la première règle des substantifs composés, et vous écrirez sans faute : des *arc-boutant*, des *bec-de-corbin*, des *fête-Dieu*, des *pont-levis*, des *loup-garou*, des *belle-de-nuit*, des *chien-berger*, des *cordon-bleu*, des *garde-nationale*, des *pied-de-biche*, des *sauf-conduit*, des *bon-chrétien*, des *malle-poste*, des *pied-de-mouche*.

EXERCICE ONZIÈME.

18, 19. — Tout le temps que vous passez à la ville, je vous vois entouré d'une multitude de *pique-assiette* :

vous feriez bien mieux de donner aux pauvres la somme que vous employez si inutilement à nourrir ces avides parasites. Ces nuages sombres, ces éclairs lointains sont les *avant-coureur* de la tempête : cherchons vite un abri. J'ai gagné à la loterie deux *porte-montre* fort jolis. J'allais avec la foule des *gobe-mouche* attendre sur la place l'arrivée des courriers. Cherchez les deux *essuie-main* que vous avez égarés : votre désordre m'afflige. Levez les *abat-jour*. Ceux qui viennent interrompre des *tête-à-tête* ennuyeux sont toujours les *bien-venu*. Nous allions toutes les *après-midi* nous promener dans les bois qui environnaient notre demeure. Toutes ces vallées profondes sont autant de *coupe-gorge* : on ne peut les traverser sans péril dans quelque temps que ce soit. Les *porte-voix* sont indispensables dans un vaisseau. Les maréchaux, les charrons, les serruriers, sont d'ennuyeux *réveille-matin*. Les châteaux des grands seigneurs ont des cours et des *avant-cour*. Le dey d'Alger a perdu tous ses états par un coup de *chasse-mouche* donné au consul français en mil huit cent ving-huit. Ces *serre-tête* sont parfaitement cousus. Ce *serre-papier* est un cadeau de ma petite nièce. Essayez d'écrire sans faute : un *tire-botte*, un *couvre-pied*, des *abat-jour*, des *contre-poison*, des *arrière-saison*, des *gagne-petit*, un *porte-plume*, des *boute-feu*.

18, 19. — Dans la progression des lumières croissantes, nous paraîtrons nous-mêmes des barbares à nos *arrière-neveu*. Faites poser un *garde-fou* au bord de ce précipice. Les *brise-image*, ou iconoclastes ont exercé beaucoup de violence. Nous découvrîmes de loin une troupe nombreuse d'habitants des Montagnes-Bleues : ils descendaient dans la plaine armés de *casse-tête*. Mettez les *brise-vent* : la journée sera froide et orageuse. Les soucis sont de tristes *réveille-matin*. Les *casse-noisette* vivent en petites troupes. L'usage des *taille-plume* a diminué depuis l'invention des plumes métalliques. Les *vice-roi* sont des gouverneurs d'États ou de provinces. Combien de jeunes musiciens que l'on peut appeler des *croque-note*. Les mauvaises compagnies sont bien plus dangereuses pour la jeunesse que les *coupe-gorge*. Les *contre-maître* sont des ouvriers chargés de surveiller le travail des autres ouvriers. Après avoir fait le total des *à-compte* que j'ai donnés, j'ai vu qu'il ne me restait plus rien à payer. Quels *crève-cœur* pour une mère que la perte de ses enfants. J'ai cassé le *tire-bouchon* et la bouteille. Vous allez encore une fois écrire sans faute : des *gâte-métier*, des *chauffe-pied*, des *contre-ordre*, des *gagne-pain*, des *passe-port*, un *vide-poche*, un *porte-clef*, des *couvre-feu*, un *porte-mouchette*, des *sous-préfet*, des *porte-crosse*, des *chasse-marée*.

EXERCICE DOUZIÈME

L'élève soulignera les mots qui ont rapport à la règle.

20. — Ce valet perd tout son temps en va et vient. Ne nous arrêtons pas aux ouï-dire. Ma petite bibliothèque ne contient que des in-douze et des in-dix-huit. Je préfère les tic-tac de nos moulins à ce grand bruit de la capitale. Lucie a brodé trois magnifiques entre-deux pour la loterie de nos petites orphelines. Les rues étaient complètement désertes; le silence n'était interrompu que par les qui-va-là des sentinelles. Je ne me plais pas dans la compagnie des pince-sans-rire. Je n'ai fait que bâiller tout le temps ; quelle calamité que d'être obligé de tenir compagnie à des écoute-s'il-pleut, à des discoureurs sur la pluie et le beau temps. Ce jeune homme, quoique sans fortune et sans recommandation, a su ouvrir toutes les portes de la faveur : le génie, le savoir et la finesse ont été des passe-partout. Pendant le dîner, j'étais placé entre deux doit-et-avoir. Tandis qu'ils discouraient sur l'actif et le passif, j'avais un brouillard devant les yeux : je ne savais comment faire pour dissimuler les énormes bâillées qui me venaient du fond de l'âme. Lorsque vous agissez selon la sagesse, moquez-vous des qu'en-

dira-t-on. Si vous faisiez la somme de tous les pourboire que vous avez donnés à Jacques, vous verriez qu'elle dépasse le chiffre de ses gages : je ne regretterais certainement pas votre libéralité si elle ne favorisait pas un serviteur de Bacchus.

CHAPITRE II

De l'Article.

EMPLOI DE L'ARTICLE DEVANT LES SUBSTANTIFS PRIS DANS UN SENS DÉTERMINÉ

EXERCICE TREIZIÈME

L'élève remplacera le tiret par l'article ou la préposition.

De 21 à 24. — — monde est trompeur. — médisant et — parasite n'ouvrent la bouche qu'aux dépens d'autrui. — coraux et — éponges appartiennent à — classe — zoophytes. — montagnes — Arabie sont arides. — Arabe se passionne pour — chevaux. J'aime mieux — exemples bien choisis que — plus savantes théories. Voilà — coton — premier choix. Il faut — courage et — patience dans toute entreprise difficile. J'ai passé — heures entières à contempler — immensité et — majesté de l'Océan. J'ai éprouvé — embarras dans cette entrevue. Vous avez encore — roses dans cette froide saison ? Envoyez — secours à cette infortunée. — honneur est mal gardé, lorsque — religion n'est pas aux avant-postes. — cours — Seine est de deux cents lieues.

> Il est guindé sans cesse, et dans tous ses propos
> On voit qu'il travaille à dire — bons mots.

Le sol — Normandie se divise en terres à blé et en pâturages. Celui qui n'a point — foi pour flambeau, aperçoit — sombres et fausses lueurs. Souvent — convolvulus, — mousses, — capillaires d'eau suspendent devant — nid — poule d'eau — draperies de verdure. — bruissements d'ondes, — faibles mugissements, — sourds beuglements, — doux roucoulements, remplissent — déserts du Meschacébé d'une sombre et sauvage harmonie.

DE LA SUPPRESSION DE L'ARTICLE DEVANT LES SUBSTANTIFS PRIS DANS UN SENS INDÉTERMINÉ

—

EXERCICE QUATORZIÈME

L'élève emploiera ou supprimera l'article selon la règle.

25, 26. — Une nuée — traits couvrit en un clin-d'œil tous les assiégeants. Un détachement — quarante soldats fut envoyé au secours des incendiés. La langue italienne a beaucoup — analogie avec la langue latine. En traversant les déserts de la Thébaïde, une foule — pieux souvenirs se présentaient à ma pensée. Une troupe — Troglodytes sortit tout-à-coup des entrailles des rochers ; sans nos chevaux, nous étions perdus. Une société — savants a composé cette encyclopédie. Voyez quelle affluence — biens vous environne ! Combien — fruits rares produit la terre ! que — richesses vous donnent les champs et les vignes ! que — animaux vous offrent leur lait pour vous nourrir, et leur toison pour vous habiller. N'avez-vous pas — richesses suffisantes, vous qui briguez chaque place vacante ? J'ai acheté une grande partie — bons livres que vous m'avez conseillé de lire et d'étudier.

Vous n'avez point — vigilance. La tempête qui a fait périr tant — vaisseaux, a respecté notre petite barque : nous voilà tous sains et saufs. Le ciel souffre violence : Dieu ne reçoit point — lâches dans son royaume. Cet écolier manque — persévérance. Celui qu'on aime n'a point — défauts ; si on vient à le haïr, il n'a point — vertus. Il n'y a point — paix pour l'impie.

25, 26. — Il n'y a point — règles générales sans exception. Je n'ai — or que pour les pauvres. Je n'ai pas pris — mesures sévères pour qu'elles ne soient pas exécutées. Je n'ai pas — aptitude pour toutes les sciences. Vous n'avez pas reçu — éducation pour en faire si peu d'usage. Nous n'ambitionnons pas — avantages qui seraient pour nous le fruit d'une astuce odieuse. Ceux qui gouvernent sont comme — corps céleste : ils ont beaucoup — éclat, et n'ont point — repos. Les méchants ont bien de la peine à rester unis. Les Anglais et les Hollandais se sont disputé longtemps le commerce de la Côte-d'Or, et cette guerre d'avarice a produit bien — perfidies et bien — crimes. Celui qui sait renoncer à une grande autorité se délivre en un moment de bien — peines. La plupart — tribus arabes qui étaient nomades avant la conquête de l'Algérie commencent à s'accoutumer à notre civilisation et à se fixer dans nos villes. La plupart — hommes sont trompés dans leur espoir. Nous avons coûté à nos familles bien — peine, bien — argent : la plupart — enfants l'oublient. Quelle ingratitude ! La plupart — peuples sauvages ne vivent que — fruits, — racines et — gibier.

EMPLOI DE L'ARTICLE DEVANT PLUS, MIEUX, MOINS

—

EXERCICE QUINZIÈME

L'élève emploiera *le, la* ou *les* selon le sens que présentent les phrases.

27, 28. — L'une des cérémonies — plus solennelles chez les druides ou prêtres gaulois, était la cueillette du gui de chêne. Droiture et franchise terminent promptement les affaires — plus épineuses. Ces martyrs faisaient éclater la joie — plus pure, alors qu'ils étaient — tourmentés. — plus humbles sont ceux qui méritent — plus d'être honorés. Ne donne pas à ton ami les conseils — plus agréables, mais — plus avantageux. Ceux qui affectent — plus de grandeur dans les manières en ont souvent — moins dans l'âme. Ce sont souvent ceux qui ont — plus besoin d'indulgence qui en ont — moins pour les autres. Les villes — mieux policées sont celles où le sentiment religieux domine. Messieurs, agissez — plus convenablement qu'il vous sera possible. Les sociétés — plus brillantes et — plus estimables sont celles où la religion et la science sont inséparablement unies. Les conseils qu'on a — moins à suivre, sont, en général, ceux qui nous sont — plus nécessaires. Les éléphants sont — plus grands des animaux terrestres.

DE LA RÉPÉTITION DE L'ARTICLE

—

EXERCICE SEIZIÈME

L'élève emploiera ou supprimera l'article selon le sens des phrases.

29. — Les bons et les mauvais succès semblent s'être partagé la durée des siècles. Aujourd'hui l'Ancien et le Nouveau-Monde sont enveloppés d'un immense réseau de chemins de fer. Il est remarquable que les sarcelles, les canards, les oies, les pluviers, les vanneaux, qui servent à notre nourriture, arrivent quand la terre est dépouillée. Le naïf et le spirituel La Fontaine nous a laissé des fables inimitables. Le vaillant et le pieux Bayard a fait une mort digne de sa vie. Les vents alisés cessent en janvier, entre le sixième et le quatrième degré de latitude. Les richesses et la gloire ne peuvent procurer qu'une félicité trompeuse et passagère. La religion et les bons exem-

ples forment le cœur. Il ne faut pas que les prix et le
récompenses soient distribués arbitrairement. Le brav
et le loyal Duguesclin a illustré le règne de Charles V
Le grand et le petit épagneul, qui ne diffèrent que pa
la taille, transportés en Angleterre, ont changé di
blanc au noir. Le long et le gros bec du toucan, et si
langue faite en plume, sont nécessaires à un oiseau qu
cherche les insectes éparpillés dans les sables humides des rivages de l'Amérique.

CHAPITRE III

De l'Adjectif.

EXERCICE DIX-SEPTIÈME

Dans cet exercice et dans les suivants, tous les adjectifs sont au
masculin singulier ; l'élève les corrigera.

30. — La Seine arrose de vert prairies, des forêts
touffu, des campagnes fertile, des villes populeux.
Clotaire avait les cheveux roux. Le saule aime une
eau vif, et l'aune une eau courant. Quel tableau ra-
vissant présentent nos campagnes ! Un air pur, une
nourriture frugal, un logement sain, une conscience
tranquille entretiennent la santé. Des bouleaux agité
par les brises et dispersé çà et là dans la savane, formaient des îles d'ombres flottant sur une mer immense de lumière. Avec une gradation lent et ménagé,
on rend l'homme et l'enfant intrépide. Le tigre et le
loup sont cruel. Ce bois et ce parc sont fort grand. On
n'y voyait que colonnes de marbre, que pyramides,
que statues colossal, que meubles d'or et d'argent
massif. Le chien et le chat sont ennemi. La clémence
et la majesté peint sur le front de cet auguste enfant,
nous annoncent la félicité des peuples.

EXERCICE DIX-HUITIÈME

31, 32, 33. — L'orgueil aveugle se suppose une grandeur et un mérite démesuré. Dans la Laponie, la ronce, le genièvre et la mousse, font seul la verdure de l'été. Les sauvages de la baie d'Hudson vivent fort longtemps, quoiqu'ils ne se nourrissent que de chair ou de poisson cru. La vertu a des beautés et des charmes toujours nouveau. On voyait rangé dans le plus grand ordre, aux parois de la muraille, des bateaux, des haches, des bêches. La chasteté est la source de la force et de la beauté physique et morale dans les deux sexes. Auguste gouverna Rome avec un tempérament, une douceur soutenu, à laquelle il dut le pardon de ses anciennes cruautés. Toute sa vie n'a été qu'un travail, qu'une occupation continuel. La chambre et le vestibule froid. La Manche et l'Océan voisin. La forêt et le bois voisin. La rose et l'œillet vermeil embaument ce parterre.

33. — La véritable éloquence est bien différente de cette facilité naturelle de parler, qui n'est qu'un talent, une qualité accordé à tous ceux dont l'imagination est prompte. Ulysse était d'une prudence, d'une circonspection étonnant. Alexandre s'annonça par un courage, une bravoure supérieur à son âge. Charles XII ayant reçu l'argent et l'escorte nécessaire pour son retour, soutint contre une armée entière, aidé de ses seuls domestiques, ce combat malheureux de Bender. Louis XIV gouvernait avec un pouvoir, une autorité absolu. Ce qu'on admire dans Bossuet, c'est une force, une énergie extraordinaire. Attila avait une figure, une physionomie repoussant. Un grand homme exerce sur tous ceux qui l'entourent un pouvoir, un ascendant irrésistible. Le mot alliance ou paix inviolable ne sera jamais qu'une vaine expression dans la bouche des souverains. Une humeur, un naturel féroce caractérise la plupart des peuples sauvages.

33. — Rome n'était plus libre et ne pouvait plus l'être :
   Qu'importait que **Pompée** ou que **César** fût maître.

Quel est le bon père de famille qui ne gémisse de voir son fils ou sa fille perdu pour la société. Ou Marie ou Louise sera rosière. L'humilité ou l'orgueil est cause de cette action. On demande un homme ou une femme âgé. Mon frère ou ma sœur aîné sera de la partie. La feuille ordinairement est attaché à un long rameau par une queue ou un pédicule fort court, sillonné en gouttière. Le garde-champêtre vient de se saisir de l'animal qui nous a tant effrayés : c'est un loup ou un chien enragé, on ne m'a rien spécifié. Qu'est-ce que cette masse noire qui couronne le sommet de cet immense rocher ? C'est un château ou une forteresse ruiné. Allez cueillir un lis ou une rose blanche. Les Samoïèdes se font des lits de mousse ou de feuilles sèches.

EXERCICE DIX-NEUVIÈME

34. — Henri IV, ainsi que Louis XII, aurait pu être surnommé le père du peuple. Louis XVI, de même que Charles Ier, a été renversé de son trône par la révolution, et condamné à mort par des juges iniques. Bathilde, épouse de Clovis II, de même que Clotilde, épouse de Clovis Ier, a mérité par ses vertus d'être placé au rang des saints. Milton, comme le chantre d'Ilion, était aveugle. L'if, de même que le cyprès, est orné de son feuillage en toute saison. Le liseron, comme le volubilis, est classé parmi les convolvulacées. Le caractère primitif d'une nation, ainsi que celui d'un homme, est souvent altéré par le commerce de ses voisins. La chair du lynx, comme celle de tous les animaux de proie, n'est pas bonne à manger. La vérité, comme la lumière, est inaltérable, immortel. La vraie dévotion, comme la vraie philosophie, toujours tolérante, est plus disposé à pardonner les fautes qu'à les condamner. La chair du corbeau, de même que celle du vautour, est très-dur. Le capitaine, avec cinquante hommes seulement, était parvenu à se rendre maître de la ville. Dans l'Egypte, dans l'Asie et dans la Grèce, Bacchus, ainsi qu'Hercule, était reconnu pour demi-dieu.

REMARQUES PARTICULIÈRES SUR L'ACCORD DE QUELQUES ADJECTIFS

—

EXERCICE VINGTIÈME

Dans ces exercices, l'élève écrira les adjectifs selon les règles données.

35, 36. — Vous trouverez ci-inclus copie de ma lettre. Je vous recommande les cinq lettres ci-inclus. Y compris ma sœur et ma mère, tout le monde signa cette pétition. La note demandée est ci-inclus. Vous enverrez franc de port ces trois colis. Expédiez ces deux malles, franc de port. Les Patagons, demi-nu, errent au milieu des tempêtes et des frimas du cap Horn. Ceux qui, après avoir vaincu les ennemis, ne savent pas vaincre leurs passions, ne sont que des demi-héros. Cette horloge ne sonne que les demi. Dans une demi-minute, la terre parcourt un espace de deux cent dix lieues. Il était onze heures et demi du soir lorsque le vaisseau aborda. Henri IV, quand il était enfant, ne connaissait rien de la mollesse des cours : il courait nu-tête et nu-jambes avec les petits paysans de son âge. Louis XI ne connaissait pas les demi-mesures. Excepté Witikind, tous les chefs saxons se soumettaient à Charlemagne, à l'issue de chacune de ses expéditions dans la Saxe.

Excepté le capitaine et le pilote, tout l'équipage fut noyé. Passé ces trois jours, nous ne recevrons plus aucune demande. Après douze heures de mortelles angoisses, nous vîmes enfin passer un vaisseau : il nous reçut demi-nus, demi-morts. La semaine passée, nous n'eûmes que d'importuns visiteurs. Ce n'est que passé trois mois que ces jeunes oiseaux poussent le rouge. Tous les hommes, excepté Noé et sa famille, périrent dans les eaux. Vu la bonne volonté et les soins minutieux que vous avez apportés à ce travail, la Société de surveillance vous accorde une prime de trois cents francs. Les femmes et les enfants excepté, tout fut passé au fil de l'épée.

EXERCICE VINGT ET UNIÈME

37, 38. — Un service solennel pour les feu rois Louis XVI et Louis XVII, la feu reine Marie-Antoinette et Madame Elisabeth, eut lieu à Notre-Dame le 14 mai 1814. Feu ma mère était la providence des pauvres. Ma feu grand'mère nous égayait le soir par de merveilleux récits. J'ai ouï dire à feu ma tante que sa fille et moi nous naquîmes la même année. Les Polonais ne trouve pas l'huile bonne si elle ne sent fort. L'expérience tient une école où les leçons coûtent cher. La garance se vendra fort cher cette année. Les céréales sont fort cher cette année. Les plaisirs sont trop cher quand ils sont achetés aux dépens de l'innocence. Nous avons pris de juste mesures. Marie et Céline chantent très-juste. Mes enfants, parlez clair et juste. Rompez net avec les méchants. Tenez bon, Mesdames, mais sans être opiniâtres. Heureux ceux qui sont bon, ils posséderont la terre !

DU PLURIEL DES ADJECTIFS COMPOSÉS

EXERCICE VINGT-DEUXIÈME

Tous les adjectifs composés sont au masculin singulier ; l'élève corrigera.

40, 41. — On m'apporta une couvée de trois ou quatre petits de la même espèce : la jeune alouette se orit d'une affection singulière pour ces hôtes nouveau-venu. Les oiseaux aquatiques, navigateur-né, ont des membres merveilleusement appropriés à l'élément qu'ils doivent habiter de préférence. La volonté est presque tout-puissant. Légère et court-vêtu, elle allait à grands pas.

> Il tua plus d'à moitié
> La volatille malheureuse,
> Qui, maudissant sa curiosité,
> Traînant l'aile et tirant le pied,
> Demi-morte et demi-boiteuse,
> Droit au logis s'en retourna.

Julien et Cécile, quoique nouveau marié, ont déjà éprouvé bien des amertumes. J'aime les oranges aigre-douce. En traversant le Pont-Neuf, à Paris, nous vîmes plusieurs gens ivre-mort. Des ouvrages mort-né à Paris sont quelquefois admirés en province. Les Gaulois étaient demi-civilisé. Certaines tribus de l'Amérique du Nord aplatissent la tête des enfants nouveau-né. L'azuron est originaire du Canada, il a le dessus de la tête d'un roux-obscur, le bec et les pieds gris-brun. Lorsque Pharaon, pour la dixième fois, eut refusé à Moïse de laisser aller les Israélites offrir un sacrifice, Dieu fit éclater sa vengeance en envoyant l'ange de la mort qui extermina tous les Egyptiens premier-né. Vous faites encore quelques fautes dans vos dictées ; mais elles sont clair-semé.

De 40 à 43. — Le monstre que nous prîmes dans notre dernier voyage avait six pieds de long ; son corps était couvert d'écailles jaune-brun ; ses yeux étaient jaune-pâle et d'une expression de férocité incroyable. Ces trois Thibétains qu'on vous a fait remarquer hier à Notre-Dame sont nouveau-converti. Ces sauvages reçurent avec une grande joie nos présents, qui consistaient en une douzaine de petits miroirs, quelques couteaux d'acier, deux coupons d'étoffe rouge-cramoisi et jaune-orangé, et trois colliers de verre coloré. Les Arabes sont dans l'usage de se faire appliquer une couleur bleu-foncé aux bras, aux lèvres et aux parties les plus apparentes du corps. Quand on se couche, on a des pensées qui ne sont que gris-brun. Les soies de l'éléphant sont très-clair-semé sur le corps, mais assez nombreuses aux cils des paupières. L'hyène a le poil du corps et la crinière d'une couleur gris-obscur et les yeux jaune-clair. La grande et la petite pervenche sont ordinairement bleu-clair. Les velours vert-bouteille se conservent frais peut-être plus longtemps que les autres. Les rubans rose-tendre siéent toujours bien comme uniforme de pensionnaire. Vous prendrez dix mètres d'étoffe orange-foncé. Mettez de la soie vert-pomme pour doublure. Les tristes brouillards nous ont déjà chassés de la Vallombreuse : un vent humide et glacé achève de dépouiller les arbres ; des nuages gris-foncé courent sous un ciel gris-blanc. Adieu, bel azur, adieu, riants bocages ; nous voilà ensevelis pour six mois dans notre sombre ville d'Angoulême.

EXERCICE VINGT-TROISIÈME

Tous les adjectifs sont au masculin singulier ; l'élève corrigera.

44. — On couvrait autrefois les victimes de bandelettes de pourpre brodé d'or. M. de X*** a donné à cette petite chapelle divers ornements, parmi lesquels j'ai remarqué six chandeliers de bronze doré admirablement ciselé ; deux aubes de tulle brodé, trois chasubles de drap d'or brodé en relief, deux calices d'argent damassé or et trois nappes de batiste brodé et garni de valenciennes. Donnez-moi ma robe de taffetas bleu. Vous recevrez trois capelines de satin noir gauffré et doublé de taffetas rose. Il ne me reste plus que deux écheveaux de soie rouge tout mêlé. Les sauvages ont des armes de bois très-dangereux. Vous avez perdu trois heures de cette journée qui devait être tout entière consacré au travail. Gardez-vous de mettre de l'eau dans ce vase de porcelaine fêlé. On a trouvé une partie des fruits de notre récolte complétement gâté. L'étendard royal de France était un dra-

peau de soie blanche semé de fleurs de lis d'or. Voilà
de superbes bas de soie noir. Je ne veux pas ces draps
de toile clair, ni ces mouchoirs de soie mêlé de coton.
L'alouette fait son nid dans les blés ou sous une motte
de gazon bien fourni d'herbe. Cherchez-moi un crayon
de mine de plomb très noir. Vous prendrez six kilos
de sucre brut. Apportez-nous une grosse tranche de
bœuf fumé, trois côtelettes de porc frais rôti, un tour-
teau aux amandes grillé, trois coupes de crême fouetté,
six grappes de raisins de Calabre confit, deux bouteilles de vin vieux cacheté et deux non cacheté.

EXERCICE VINGT-QUATRIÈME

L'élève remplacera le tiret par un des adjectifs donnés.

45. — (Déplorable, lamentable, inconsolable, ines-
timable, irréparable, invulnérable, susceptible, capable). Une circonstance imaginaire que nous ajoutons à
nos afflictions, c'est de croire que nous serons —. C'est
une — gloire que celle dont les ennemis ont le profit.
Les animaux pour la plupart sont — d'une certaine
éducation. Les héros qui, à leur naissance, avaient été
plongés dans les eaux du Styx, étaient —. Achille
était —, excepté à un talon. La grâce de Dieu est un
trésor —. Cet homme est — ; la perte qu'il a faite est
—. Ces malheureux poussaient des cris —. Un homme
efféminé n'est — d'aucun acte généreux.

— héritier de ces rois triomphants,
Ochosias restait seul avec ses enfants.

DE LA PLACE QUE DOIVENT OCCUPER LES ADJECTIFS.

EXERCICE VINGT-CINQUIÈME

46. — On a mis les deux acceptions ; l'élève emploiera celle qui
est exigée par le sens. — 47. — Elle soulignera les mots qui ont
rapport à la règle.

46. — L'air grand ou le grand air indique la ma-

nière d'un grand seigneur. L'air grand ou le grand air se dit d'une physionomie noble. Un homme pauvre ou un pauvre homme peut posséder cette richesse morale qui manque à un homme pauvre ou à un pauvre homme. Un air mauvais ou un mauvais air est un air ignoble. Un mauvais air ou un air mauvais est un air repoussant. Un écrivain méchant ou un méchant écrivain est un auteur sans talent. Un écrivain méchant ou un méchant écrivain est un auteur dont les écrits sont pleins de causticité. D'une commune voix ou d'une voix commune, bénissons sa mémoire. Cette femme a une très-commune voix ou une voix très-commune.

47. — Le beau et le bon devraient toujours être réunis. Cet homme ne vit pas dans le vrai ; l'idéal est son seul domaine. David était berger, lorsque Samuel le sacra roi. Je n'aime pas le jaune. L'humiliation est un remède souverain contre l'orgueil. Les souverains de l'Egypte prenaient le titre de Pharaon. Il faut savoir discerner le fort et le faible. C'est le Dieu puissant et fort. A la fin, nous n'entendîmes plus que de faibles gémissements, puis le silence de la mort ! Ce bois est tapissé de violettes. Ce jeune lévite était revêtu d'une longue robe violette ; la couleur de son vêtement s'harmonisait parfaitement avec la modestie de son visage et de son maintien.

COMPLÉMENTS DES ADJECTIFS

EXERCICE VINGT-SIXIÈME.

L'élève remplacera le tiret par la préposition convenable.

49, 50. — L'ignorance toujours est prête — s'admirer.

Mon cœur, toujours rebelle et contraire — lui-même ,
Fait le mal qu'il déteste, et fuit le bien qu'il aime.

Qui vit content — rien possède toute chose. Un enfant enclin — mal doit être continuellement surveillé. Il y a dans la profondeur des cieux des milliers d'astres invisibles — l'œil de l'homme. L'homme est fait — travailler comme l'oiseau — voler. L'homme affable — tous, sans distinction de rang ni de fortune, est certainement un homme vertueux. L'ennui, qui dévore le paresseux, est inconnu — l'homme laborieux. Tous les grands divertissements sont dangereux — la vie chrétienne. La haine est aveugle — sa propre cause. La sainteté n'est point incompatible — les manières affables.

CHAPITRE IV

Des Adjectifs déterminatifs.

DES ADJECTIFS NUMÉRAUX CARDINAUX

EXERCICE VINGT-SEPTIÈME

L'élève écrira en toutes lettres les adjectifs numéraux.

51, 52, 53. — Charlemagne fut proclamé empereur le jour de Noël de l'an 800. Louis XIV est mort l'an 1715, juste 200 ans après Louis XII. Les premiers hommes ont vécu 900, 930 et même 969 ans. Socrate mourut dans sa prison l'an 400 avant Jésus-Christ. Sixte-Quint, fils d'un paysan, parvint par ses aptitudes extraordinaires au trône pontifical : il ceignit la tiare en 1535. On peut fixer le poids moyen d'une autruche médiocrement grasse à 75 ou 80 livres. Judas, l'un des 12, est devenu un sujet d'exécration à tous les siècles. Les 5 livres de Moïse forment ce qu'on appelle le Pentateuque. Parmi les 4 évangélistes, on compte 2 apôtres et 2 disciples. Les 7 sages de la Grèce étaient Thalès, Pittacus, Bias, Cléobule, Myson, Chilon et Solon, le plus célèbre de tous. La première croisade eut lieu en 1095. Un nigaud ayant entendu dire que les corneilles vivent plus de 200 ans, en acheta une pour vérifier l'exactitude de ce récit. Le froid est salutaire à la santé : dans les montagnes élevées, les centenaires abondent ; en Russie, beaucoup de paysans parviennent à 120 ans. Trois 1000 d'Angleterre valent à peu près une lieue et demie de poste. L'histoire de la retraite des 10.000 a été écrite par Xénophon lui-même. 7 chariots pouvaient passer de front sur les murailles de Babylone. Ce général était environné de 600 chariots armés de faulx. Les 70 interprètes qui ont traduit la Bible de l'hébreu en grec ont été demandés par Ptolémée Philadelphe. Prenez la page 200 ; lisez le chapitre 34.

51, 52, 53. — Abraham naquit l'an 2000 dans la ville d'Ur, en Chaldée. Louis IX fonda l'hospice des Quinze-20 l'an 1254. Un quinze-20 nous a raconté cette triste aventure. Je vous passe quittance des 100 fr. que vous me devez. La boussole fut connue en France vers l'an 1300. La plus rapprochée des étoiles fixes est pour le moins éloignée de nous de 3.450.000.000.000 de lieues. Vers l'an 1200 de notre ère, Alexis fit crever les yeux à son frère Isaac l'Ange, et s'empara du trône de Constantinople. Le traité de Westphalie a été conclu en 1648 ; celui des Pyrénées, en 1659 ; celui d'Aix-la-Chapelle, en 1668 ; celui de Ryswick, en 1697. 1.000 fr. pèsent 5 kilogrammes. Cette gracieuse villa est située sur le penchant d'une colline, à 2000 de Rome. Napoléon Ier mourut le 5 mai 1821. En vivant continuellement ensemble, on se découvre mutuellement 1.000 petits défauts dont on ne se doutait pas. L'homme dont la croissance ne se termine qu'à la trentième année, atteint, en général, 90 ans. Pendant le siége de Jéru-

salem par Titus, la tête d'un âne s'est vendue jusqu'à
six-20 sicles.

DES ADJECTIFS POSSESSIFS

EXERCICE VINGT-HUITIÈME

L'élève remplacera le tiret par l'article ou l'adjectif possessif selon
la règle.

54. — — sens sont glacés d'effroi. Prends — vol,
douce colombe, les anges de Dieu t'attendent au paradis.

> Loi sainte, loi désirable,
> — richesse est préférable
> A la richesse de l'or;
> Et — douceur est pareille
> Au miel dont la jeune abeille
> Compose — cher trésor.

Cette petite fille a contracté la détestable habitude
de s'arracher — cheveux. La Normandie est renommée par — laitage et — beurre. L'homme généreux
met sous — pieds les faveurs qu'il accorde, et sur —
cœur celles qu'il reçoit.

> De — propre artifice, on est souvent victime.
> A — vocation, chaque être doit répondre.

La France a — Bourbons, et Rome a — Césars.
Ces arbres sont dépouillés de — fruits. J'ai repris mal
à — bras. J'ai une douleur à — jambe.

> Oserez-vous nier ce fait abominable ?
> Je l'ai vu de — yeux.

Je me suis démis — épaule droite et — poignet
gauche. Il a repris — mauvaise humeur.

54, 55. — Polyphène, assis sur les rochers du rivage,

raconte — douleur aux vagues plaintives. Le coupable baissa — tête et accepta sans murmurer la peine que lui avait méritée — faute. La vertu est amère ; mais — fruit est doux. Le courage soulage la peine ; la plainte augmente — poids. La mort promène partout — faulx redoutable. La pureté du cœur est la vie de l'âme : le péché est — langueur ou — mort, selon qu'il est véniel ou mortel. Les insectes donnent lieu à une foule d'observations : le naturaliste étudie — forme, — couleurs, — instinct et — mœurs. Malheureux ! mes peines n'étaient donc pas assez accablantes que vous venez encore augmenter — poids ! Le soleil, par — douce chaleur, répand la vie et l'abondance. L'arbre à pain, par — admirable nature, peut-être appelé l'arbre de la Providence. Ces beaux ombrages ont perdu — charmes. Depuis que Dieu m'a pris — mère, plus rien ne me fait plaisir.

EXERCICE VINGT-NEUVIÈME

A la place du tiret, l'élève mettra *nôtre, vôtre, leur*, qu'elle fera accorder d'après la règle, ainsi que leurs corrélatifs.

56. — Les forêts sont dépouillées de — riante parure ; les oiseaux ont cessé — chant ; la plupart sont partis pour des contrées lointaines : tout est morne et silencieux. Adieu, chers amis, — souvenir ne s'effacera jamais de — cœur. Le vent se lève ; mille barques s'agitent, — voile blanche se déploie comme des ailes de cygnes sur la surface de l'onde. Mes enfants, conservez dans — cœur le souvenir des bonnes et belles paroles que vous venez d'entendre. Nous devons veiller à la conservation de — existence, car elle est un présent de la bonté de Dieu. La consolation des justes est dans le fond de — cœur : dans ce sanctuaire caché, Dieu leur parle lui-même. Le souvenir des plaisirs du monde ne fait qu'augmenter dans les vieillards l'amertume de — vie présente. Enfin, nous pûmes étancher — soif : un filet d'eau qui sortait du milieu des rochers, nous rendit — courage ; un moment nous

avions cru ne plus pouvoir sortir de ce désert. Ils ont perdu — temps et — peine, puisqu'ils n'ont travaillé que pour ce monde.

DES ADJECTIFS INDÉFINIS

—

EXERCICE TRENTIÈME

Aucun, nul, et leurs corrélatifs sont au singulier; l'élève les fera accorder selon la règle.

57. — Aucun chemin de fleurs ne conduit à la gloire. Nul n'est prophète en son pays. Dans ceux qui se disaient mes amis, je n'ai trouvé aucune ressource. Aucun homme ne fut plus vaillant qu'Alexandre. Nous ne trouvâmes dans cette île aucune trace humaine. Les Germains n'avaient aucune troupe permanente : la nation se levait en masse pour combattre. Aucun homme ne porta plus longtemps le sceptre que Louis XIV. Aucun peuple ne porta si loin l'austérité des mœurs que les Spartiates. Ce roi impie fut enterré sans aucune pompe, on ne lui fit aucune funéraille. Je n'ai aucune satisfaction, aucun repos au milieu de cette gloire apparente qui trompe le vulgaire. Sans aucune provision, sans prendre aucune précaution, Cambyse part pour l'Egypte et s'enfonce dans les déserts sablonneux qui l'environnent. Les Romains, dans leurs traités avec les rois, leur défendirent de faire aucune levée chez leurs alliés, nulle route, nulle communication.

EXERCICE TRENTE ET UNIÈME

A la place du tiret, l'élève mettra *chaque* ou *chacun,* selon la règle.

58. — Tous ceux qui ont prodigué leurs soins à ma vieille mère, ont reçu trois cents francs de rente —. L'édit de César Auguste obligeait — individu à aller se faire

inscrire dans la ville d'où il était originaire. — nation a eu ses temps de grandeur et de décadence. — âge a ses peines et ses plaisirs. Nous reçûmes — une provision de bananes, de cocos et de raisins. — instant qui s'écoule emporte une partie de notre existence terrestre. — matin et — soir, nous allions nous agenouiller au pied de cettre croix solitaire : on eut dit qu'une force mystérieuse découlait de cet arbre du salut ; car — fois nous nous relevions plus courageux et plus résignés. Jésus-Christ nous fait une admirable leçon sur l'abandon que nous devons faire à Dieu de notre avenir, lorsqu'il nous dit de demander notre pain de — jour.

EXERCICE TRENTE-DEUXIÈME

On a mis l'adjectif *même* au singulier, l'élève le fera accorder d'après la règle.

59, 60. — Comment prétendons-nous qu'un autre garde notre secret, si nous ne pouvons le garder nousmême. Les grands sont quelquefois trahis par ceux-là même qu'ils ont le plus protégés. Vous qui méprisez les opinions religieuses, et qui vous dites supérieurs en lumières, venez, et voyez vous-même ce que peut valoir pour le bonheur votre prétendue science. Les rochers même étaient sensibles aux harmonies de la lyre d'Orphée. Les écrivains même les plus célèbres ont laissé des fautes dans leurs œuvres. Les écorces même des végétaux sont en harmonie avec les températures de l'atmosphère. Dans la guerre qui détruisit la superbe Carthage, les femmes même opposèrent aux assaillants un courage admirable. Il faut, si Dieu vous le demande, sacrifier votre repos, vos plaisirs les plus légitimes, vos intérêts même les plus chers. Les lois même les plus sévères n'ont pu imposer aux passions une barrière assez puissante ; toutes les nations ont eu dans tous les temps des crimes, des forfaits même à expier. Ces religieux, après avoir consacré à un rude travail les trois quarts du jour, passent même une grande partie de la nuit en prières.

59, 60. — Les souverains peuvent avoir plus ou moins de puissance ; mais ils ont partout les même devoirs à remplir. Le souffle du vent, le vol d'un oiseau, les feuilles même qui tombent éveillent un remords dans le cœur du criminel. Les même plantes qui sur le sol natal croissent belles et vigoureuses, ne font que languir pour la plupart sous un ciel étranger. La véritable charité vit en bonne et douce intelligence avec les caractères même les plus difficiles. Nous ne nous voyons pas nous-même tels que nous sommes. Dans les grandes villes, les hommes même les plus éminents en vertu, en science, vivent ignorés de la multitude. Silence ! méfiez-vous : ces murs même ont des oreilles. Timon le misanthrope fuyait même jusqu'à l'ombre des hommes. Du berger et du roi les cendres sont les même : la mort nivelle tout. Tout ce que les hommes trouvent dans eux-même est sali de la même boue dont ils sont formés. Il faut être en garde contre les écrivains même accrédités.

EXERCICE TRENTE-TROISIÈME

L'élève remplacera le tiret par le mot *quelque,* orthographié selon la règle.

61. — — éloges que l'on vous donne, persuadez-vous bien qu'ils sont toujours au-dessus de votre mérite. Un esprit caustique s'attire toujours — ennemis.

Des fruits et — mets que la ferme a fournis,
Posés près d'un ruisseau, sur les gazons fleuris,
Nous procurent sans frais un repas délectable.

— sujet qu'on traite, ou plaisant ou sublime,
Que toujours la raison s'accorde avec la rime.

Je possède encore — faibles ressources. — soins qu'on apporte à se rendre parfait, on commet toujours des imperfections : mais cette considération ne doit pas nous décourager : — faibles que nous soyons dans le principe, nous parviendrons à un haut degré de vertu, si nos efforts sont constants. — biens que possède l'homme : — soient ses éléments de bonheur, il n'est jamais satisfait.

> Et — vains lauriers que promette la guerre,
> On peut être héros, sans ravager la terre.

Cueillez-moi vite des fleurs — soient : il ne s'agit pas de réunir des emblêmes, mais de garnir cette jardinière aussi gracieusement que possible.

61. — — saintes et sublimes leçons que la Sainte-Ecriture nous donne, nous n'en profiterons point, si nous n'apportons pas un cœur bien préparé. — heureusement doués que nous soyons, nous ne devons pas en tirer vanité. Quel âge avez-vous ? — J'ai — soixante ans. De — superbes distinctions que se flattent les hommes, ils ont tous une même origine. — bons avis que nous lui donnions, il n'en profite point. Une femme, — grands biens qu'elle apporte dans une maison, la ruine bientôt, si elle y introduit le luxe. Sous — points divers qu'on envisage la religion, — soient les préjugés que l'on ait contre elle, on est obligé de convenir qu'elle agrandit la pensée, et qu'elle est propre à l'expansion des sentiments. J'écouterai vos plaintes — soient. — fussent les lumières et la sagesse des Confucius, des Socrate et des Platon ; — profondes que fussent leurs vues ; — pure que fût leur morale, ils n'ont pu parvenir à extirper les vices qui régnaient parmi les peuples. Au Christ seul était réservée cette grande œuvre de régnération.

64. — — impérieuses que vous soyez, mesdemoiselles, il faudra plier sous le commandement de vos maîtresses, ou vous résoudre à quitter le pensionnat. Souvenez-vous que l'humilité et l'obéissance élèvent, tandis que l'orgueil abaisse, — soit la position distinguée que l'on ait dans le monde. — belles choses que vous disiez, elles ne seront point goûtées, si votre prononciation est vicieuse. De — côté que je porte mes regards, je ne vois qu'affliction. — bien, — joie que me promette le monde, je n'écouterai point ses

promesses trompeuses. Une fille, — soit sa condition, doit toujours être simple et modeste. — soit votre décision, je m'y soumettrai. — ait été la gloire des grands hommes, elle n'a jamais été sans nuage. — fins politiques que fussent Burrhus et Sénèque, ils ne purent deviner le cœur de Néron. — bons serviteurs que vous ayez, surveillez toujours vos intérêts.

EXERCICE TRENTE-QUATRIÈME

L'élève remplacera le tiret par le mot *tout*, qu'elle fera accorder d'après la règle.

62, 63, 64. — — nos bonnes actions seront perdues pour l'éternité, si la persévérance finale ne les couronne. — les fleurs sont passagères : il en est de même de nos plaisirs. A l'exception de la vipère, — les reptiles sont ovipares. Le plus précieux de — les dons que nous puissions recevoir du ciel, est une vertu pure et sans tache. — les peuples ont admis l'existence de la divinité. Les trois enfants dans la fournaise chantèrent un sublime cantique, dans lequel ils invitent — les créatures visibles et invisibles, — les êtres vivants ou inanimés à louer la bonté et la puissance infinie du Seigneur. L'orgueil est la source primitive de — les maux qui affligent l'humanité : il est, par conséquent, la cause première de — les souffrances qu'a endurées notre Sauveur.

> Le temps nous trompe —; sur ses ailes légères,
> Il emporte à la fois nos biens et nos misères.

C'est sur les bords des rivières que les végétaux se montrent dans — leur beauté. Le divin Médiateur, sur le point de rendre le dernier soupir, s'écria : « — est consommé... » — les gloires de ce monde s'évanouissent comme une fumée.

62, 63, 64. — Ces gens sont — défiants : ils sont — yeux et — oreilles. J'aperçois ces vastes plaines toujours calmes et tranquilles, mais — aussi dangereuses, etc. Le chien n'a nulle ambition, nul intérêt, nul désir de vengeance, nulle crainte que celle de déplaire : il est — zèle, — ardeur et — obéissance. Marie Stuart méritait une — autre destinée. — l'Ecriture est pleine de poésie. Mes haies de chèvrefeuille, de framboisiers, de groseillers, de rosiers et de lilas, étaient — verdoyantes de feuilles et de boutons de fleurs. En un clin-d'œil, les deux sauvages se saisirent de cet énorme requin, lui percèrent le ventre de leurs couteaux aigus, et se retirèrent — couverts du sang de ce terrible animal.

> Sous ces murs — fumants, dussé-je être écrasée,
> Je ne trahirai point l'innocence accusée.

Les côtes occidentales de l'Amérique sont — bordées de madrépores. Je suis — confuse de vos bontés. — Rome gémissait sous la tyrannie des Tibère et des Caligula. Si de tels monstres existaient aujourd'hui, — l'Europe se liguerait contre eux. Sous le règne de Néron, la ville de Lyon fut — réduite en cendres dans l'espace d'une nuit. Nous demeurâmes — étonnés lorsque nous vîmes les oiseaux s'approcher de nous et becqueter sans aucune crainte les miettes qui tombaient de nos mains.

62, 63, 64. — La valeur — héroïque qu'elle est ne suffit pas pour faire des héros. Elle fut — heureuse et — aise de vous rencontrer. Cette femme est — infatuée de son savoir, aussi tout le monde la fuit. — les vrais savants sont modestes. Dans les pays du Nord, on trouve des loups — blancs ou — noirs. La tortue marine semble — engourdie quand elle est hors de l'eau. Elle m'aimait d'une amitié — intéressé, aussi m'abandonna-t-elle tout d'un coup, lorsque la misère entra chez moi. Les premiers Romains étaient — laboureurs, et les laboureurs étaient — soldats. Cette guirlande est déjà — fanée. Quand les fils de Jacob reconnurent leur frère, ils demeurèrent — interdits et devinrent — tremblants. Nos vaisseaux sont — prêts et le vent nous appelle. Les sauvages de l'Amérique brûlaient leurs ennemis vivants et dévoraient leurs chairs — sanglantes. Nous voici — rassemblées et — heureuses. Les plaisanteries ne sont bonnes que quand elles sont servies — chaudes. Mes bordures de fraisiers, de violettes, de thym et de primevères étaient — diaprées de vert, de blanc, de bleu et de cramoisi.

DE LA RÉPÉTITION DES ADJECTIFS DÉTERMINATIFS

—

EXERCICE TRENTE-CINQUIÈME

L'élève ajoutera aux mots en italique ceux qui sont entre parenthèse.

63. — Nos *villes* furent dévastées (campagnes). Nos *fautes* proviennent souvent de notre première éducation (malheurs). Chassez-moi tous ces *anciens* amis qui ne voient en vous que votre position et votre fortune (nouveaux). Les geais imitent tous les *sons* qu'ils entendent habituellement, et même la parole humaine (bruits, cris d'animaux). Tous les rois comparaîtront devant le tribunal du Souverain Juge (peuples). Toute *activité* est éteinte en lui depuis ce déplorable événement (intelligence). Aucun *insecte*, quelque vil qu'il nous paraisse ou quelque petit qu'il soit, n'est méconnu de Dieu : il sait le nombre des grains de sable qui couvrent les rivages de l'Océan, et dans la forêt il ne tombe pas une feuille, il ne s'effeuille pas une fleur sans que le Créateur l'ait prévu (plante, être). Nos *bonnes* habitudes proviennent de notre éducation (mauvaises). Nulle *récompense* n'est jamais sortie des mains crispées de cet avare (aumône).

> Ce berger et ce roi sont sous même planète,
> L'un d'eux porte le sceptre, et l'autre la houlette.

Nos *peines* s'évanouissent avec la vie (plaisirs). Rien n'est stable ici-bas : élevons donc nos *regards* vers les

demeures permanentes des véritables joies (cœurs).
Venez, mon *digne* serviteur, une grande récompense
vous est réservée (bien-aimé).

CHAPITRE V

Des Pronoms.

DE LEUR EMPLOI EN GÉNÉRAL

EXERCICE TRENTE-SIXIÈME

L'élève corrigera les phrases défectueuses.

66. Nos jardins sont couverts de fleurs, allez donc
les cueillir. Vous n'avez point mérité de récompense :
ne la demandez donc point. Nous étions tous en
grande activité de service lorsque ce malheureux accident vint le ralentir. Toute la famille était accablée
de tristesse ; mais votre présence inespérée la faisant
disparaître, répandit tout-à-coup la plus douce joie
au fond de nos cœurs. Vous vous sentez plein de force,
tâchez de la maintenir dans cet heureux état. Nous
étions bien en peine de vous ; mais votre bonne lettre
l'a calmée. Il était rempli de haine pour ses ennemis :
mais la religion l'a bannie de son cœur ; il est maintenant un modèle de charité. Il ne suffit pas toujours
d'avoir raison : il est des circonstances où il faut savoir la prouver. Vous paraissez plein de joie, à quelle
cause la doit-on attribuer, tandis qu'hier vous étiez
si triste ? Il paraissait tout en colère, et nous, nous
n'avons pu deviner ce qui l'avait occasionnée. Il devait
faire la route à cheval : mais celui-ci a pris le mors
aux dents et s'est cassée la jambe. Il était hier plein

de courage, et voilà qu'une petite contrariété le lui fait perdre aujourd'hui et l'accable de langueur.

EXERCICE TRENTE-SEPTIÈME

L'élève corrigera les équivoques.

67. — Les zélés missionnaires sont supérieurs aux conquérants, même dans ce qu'ils ont fait de plus mémorable : ils ont en effet soumis par la croix ces mêmes peuples que les conquérants s'étaient assujettis par la force des armes, et leurs victoires sont bien plus nobles et bien plus belles que toutes celles qu'ont remportées les Alexandre et les César. Aucun écrivain ne peut être comparé à Moïse, parce qu'il a écrit avec force, grandeur et vérité. Le jeune berger David attaqua le géant Goliath ; à l'instant il tomba terrassé. Samuel offrit son holocauste à Dieu, qui le trouva si agréable qu'il lança au même instant la foudre contre les Philistins. J'ai rencontré la mère de votre amie qui est un peu malade. Louis a demandé à Rodrigue les plus jolies gravures qu'il possède. Cécile copie dans Juliette tout ce qu'elle a de défectueux. Florine ne fait ses offres de services à Geneviève que lorsqu'elle est de bonne humeur. Hypéride a imité Démosthènes en tout ce qu'il a de beau.

EXERCICE TRENTE-HUITIÈME

L'élève remplacera le tiret par le pronom convenable.

68. — L'homme en ses passions, toujours errant sans guide,
    A besoin qu'on — mette et le mors et la bride.

Le péché souille l'âme, — attriste et — obscurcit. Si la fin de Socrate est — d'un sage, la mort de Jésus est — d'un Dieu. Ami, dit l'un, tes yeux sont meilleurs que — . Les désirs de la vaine gloire ne possèdent point un cœur comme — . Il a montré une prudence, une sagacité — on était loin de s'attendre. Il fallait pour cette entreprise un savoir-faire, une adresse — peu d'hommes parviennent.

DES PRONOMS PERSONNELS

—

EXERCICE TRENTE-NEUVIÈME

L'élève remplacera le tiret par un pronom personnel.

69. — — vous le dis encore : — n'aurez l'estime des autres que par une solide vertu. Marchez en ma présence et — serez parfait, a dit le Seigneur. — aimeras tes ennemis, — béniras ceux — te maudissent, — feras du bien à ceux — te persécutent, — prieras pour ceux — te calomnient. — n'êtes pas méchant et — ne pouvez l'être. — aime tant la vérité que — sacrifierais tout pour elle. Souvent — se plaisait à s'égarer dans ces vastes solitudes pour s'entretenir avec Dieu seul. Cette terre vaut-— la peine qu'on y attache son cœur? Les voyageurs sont-— partis ? Que de maux l'orgueil a répandus dans le monde ! Réfléchissez et — verrez que tout ce qui afflige le monde provient de cette source funeste. L'exil pèse sur mon cœur ; ô patrie, quand te verrai-— ? Mondains, que — êtes aveugles ! Quoi? préférerez — toujours ce qui est vain et périssable à ce qui est précieux et éternel ? Ah ! puissions- —, un jour nous revoir réunis ! A peine sortions-— des portes de la ville qu' — nous fallut rentrer en toute hâte, le feu avait envahi subitement un de nos magasins. — nous sommes dévoués entièrement pour vous procurer une existence honorable : encore, fils ingrat , n'êtes- — pas content ! Pierrot, le petit pâtre, m'a apporté un nid de fauvettes et un gros bouquet de fleurs de bois ; — lui ai donné en récompense de quoi se faire bien beau dimanche. Si — l'aviez vu, était- — heureux ! Et moi ? Aussi, me suis- — bien promis de faire aux pauvres tout le bien que — pourrai, puisqu'à présent papa me laisse disposer de ma bourse.

69. — Si nous ne comptions pas sur les bonnes chances de la fortune, du moins espérions- — con-

server notre petit patrimoine. Le malheureux naufrage de l'*Hirondelle* nous a ruinés totalement. Encore faut- — ne pas se désespérer ; allons, courage, Dieu peut nous secourir. — admets que vos moyens ne vous permettent pas encore de suivre tout le programme de notre enseignement ; mais, au moins appliquez- —. En vain chercheriez- — l'Eternel jusqu'aux extrémités du monde ou dans la vaste étendue des cieux ; — habite près de vous ; — est en vous. A peine le printemps est- — passé que les oiseaux se dépouillent de leurs couleurs. Que ne puis- — t'exprimer ce que — sens si bien? Et comment sens- — si bien ce que — ne puis t'exprimer?

> Par quel charme secret laissé- — retenir
> Ce courroux si sévère et si prompt à punir?

> — vous l'ai déjà dit, aimez qu' — vous censure ;
> Mais ne vous rendez pas dès qu'un sot vous reprend.
> Dépouillons-nous aussi d'une vaine fierté.
> — nous naissons — vivons pour la société.

— ne peut satisfaire celui que l'envie possède, — ne peut le réjouir ; — ne peut le calmer. — nous trompons lorsque — croyons trouver le bonheur ailleurs qu'en Dieu seul. Montrons-nous tels que — sommes.

EXERCICE QUARANTIÈME

L'élève composera des phrases analogues à la règle du nᵒ 70.

EXERCICE QUARANTE ET UNIÈME.

L'élève emploiera pour compléments les mots mis entre parenthèse.

71. — Nous voulons récompenser cette charmante enfant qui s'est tant dévouée pour sa mère, amenez (nous-la). Vos amis, ont-ils des vices, reprochez (les-leurs). Ne dissimule pas, ô roi ! Tu es aussi mortel que le dernier de tes sujet (te le). Si vous avez appris une mauvaise nouvelle, ne dites pas, son état de fai-

blesse ne pourrait pas supporter un nouvel assaut (lui la). Son indiscrétion la fait mépriser : chacun redoute sa langue ; les choses même insignifiantes, cachez (lui-les). Mets dans l'esprit : qui fait mal trouve mal (toi-le). En toute chose, fais ce que tu dois, et quelle que soit l'opinion du vulgaire n'en inquiète pas (te). Un homme vous flatte-t-il ? Ne fiez pas : il veut vous tromper (vous y). Ton fils désire aller au spectacle, ne conduit pas (le y). Reste dans le jardin à m'attendre et promène un moment (toi y). Ne fais rien sans réflexion : mais lorsque la sagesse t'aura montré la décision qu'il faut prendre, attache avec une ardente persévérance (y toi). Jules désire aller à la promenade, conduisez (le y). Julie a refusé d'obéir, contraignez (la y). Ces deux élèves n'ont pas encore vu le musée d'histoire naturelle, menez (y les).

***

DE LA RÉPÉTITION DES PRONOMS PERSONNELS

—

EXERCICE QUARANTE-DEUXIÈME

L'élève remplacera le tiret par un pronom, toutes les fois que le sujet devra se répéter.

72. — Contemplez le ciel et la terre, et la sage économie de cet univers. Est- — rien de mieux entendu que cet édifice ? Est- — rien de mieux pourvu que cette famille ? Est- — rien de mieux gouverné que cet empire ? Cette puissance suprême qui a construit le monde et qui n'y a rien fait qui ne soit très-bon, a fait néanmoins des créatures meilleures les unes que les autres : — a fait les corps célestes qui sont d'une durée indéfinie ; — a fait les terrestres qui sont périssables ; — a fait des animaux admirables par leur grandeur ; — a fait les insectes et les oiseaux qui semblent méprisables par leur petitesse ; — a fait ces

grands arbres des forêts qui subsistent des siècles entiers ; — a fait les fleurs des champs qui passent du
matin au soir.

Fable que tout cela ! propos des envieux !
Je le connais, — l'aime et — lui rends justice.

En étudiant la nature, l'homme a trouvé les moyens
de lui donner de nouvelles formes : — s'est fait des
instruments ; — s'est fait des armes ; — a élevé les
eaux qu'il ne pouvait pas aller puiser dans la profondeur où elles étaient ; — a changé toute la face de la
terre ; — en a creusé, — en a fouillé les entrailles, et
— y a trouvé de nouveaux secours : ce que — n'a pu
atteindre, de si loin que — a pu l'apercevoir, — l'a
tourné à son usage.

72. — Je crains Dieu, cher Abner, et — n'ai point
d'autre crainte.

C'est un homme étonnant et rare en son espèce ;
— rêve fort à rien, — s'égare sans cesse ;
— cherche, — trouve, — brouille, — regarde sans voir.
Quand on lui parle blanc, soudain — répond noir.

L'Eternel est son nom, le monde est son ouvrage ;
— entend les soupirs de l'humble qu'on outrage ;
— juge tous les mortels avec d'égales lois,
Et du haut de son trône, — interroge les rois.

C'est un homme impassible : — veut et — ne veut
pas ; — donne des ordres et — défend aussitôt qu'on
les exécute. — voudrait s'éloigner et — ne peut s'y
résoudre. Leurs légères pirogues paraissaient et dispa-
raissaient tour à tour au sein des vagues ; malgré les
périls qui les menaçaient, — chantaient et — s'aban-
donnaient avec insouciance au caprice des flots.

EXERCICE QUARANTE-TROISIÈME

L'élève remplacera le tiret par un pronom, lorsque les compléments devront se répéter.

73. — Un fils ne s'arme point contre un coupable père ;
Il détourne les yeux — plaint et — révère.

Le remords — déchire et — poursuit sans cesse ;
Il — honore et — caresse.
Méfiez- — : au fond du cœur,
Il cache une affreuse bassesse.

Depuis que Lucie a perdu sa pauvre mère, elle — lamente et — désole sans vouloir écouter aucune consolation. A certaine époque de l'année, les crocodiles — poursuivent et — livrent une guerre acharnée.

Dans ses désirs, l'homme ébloui
Voudrait bien — élever, — enrichir et paraître ;
Mais il — rend esclave en cherchant de l'appui.

Je — admire et ne puis — imiter. Je — ai lu et — relu cent fois. Ces têtes de girouettes ne savent pas ni ce qu'elles sont, ni ce qu'elles veulent ; nommons-les par leurs noms : oui, Charlotte et Lucie — sont brouillées et — réconciliées plus de vingt fois dans quinze jours. Vos frères — sont querellés et — blessés ; heureusement que des amis communs — ont séparés et — fait réconcilier.

73. — Les jours que nous avons passés dans l'oubli de nos devoirs, nous — avons pleurés, nous — avons expiés. Lorsque cet infâme traître — eut attiré, — captivé et — séduit par ces belles promesses, le secret fut dévoilé, et nos malheurs commencèrent. Les douces espérances que nous avions nourries et conservées si longtemps dans notre cœur, nous — avons vues s'évanouir pour jamais ! Toutes les difficultés qu'on a opposées à nos desseins, nous — avons vaincues ; nous — avons même anéanties. A peine l'Arabe, revenu d'une course lointaine, a-t-il reçu de sa famille empressée autour de lui, les témoignages d'une vive affection, qu'il se dégage de ses embrassements pour s'occuper de son cheval : il — caresse, il — soigne, il — panse, il lui prodigue les noms les plus tendres, et ne voudrait jamais se séparer du compagnon de ses courses aventureuses. Tous les ouvrages contenus dans cette petite bibliothèque sont à votre service :

nous — avons lus, nous — avons même critiqués ; il n'en est aucun que vous ne puissiez lire. Enfin elle elle — a écouté et — a promis de mieux faire à l'avenir. Cet écornifleur — a ennuyé et — empêché de vaquer à mon travail pendant quatre mortelles heures.

REMARQUES PARTICULIÈRES SUR QUELQUES PRONOMS PERSONNELS.

—

EXERCICE QUARANTE-QUATRIÈME

L'élève écrira les corrélatifs des pronoms *nous* et *vous* selon la règle.

74. — Songez que vous êtes créé comme le reste des hommes, pour connaître, aimer et servir Dieu. La Providence ne vous a pas fait prince pour vivre dans la licence et l'oisiveté. Eh ! qui vous a chargé de ce soin superflu ? Vos parents ne vous ont pas laissé à la campagne pour que vous y meniez une vie complètement oisive. Si vous songez à moi, ma chère amie, soyez assuré que je pense continuellement à vous. Songez bien, Madame, à quel rang vous êtes élevé, Êtes-vous rassuré, ma chère Céline ? Vous vous étiez follement imaginé que toutes mes réprimandes provenaient d'une secrète aversion. Ne savez-vous pas, ma petite enfant, que celui qui aime, châtie ?

EXERCICE QUARANTE-CINQUIÈME

L'élève remplacera le tiret par le pronom *soi* ou le pronom *lui* selon la règle.

75. — La vieillesse chagrine incessamment amasse ;
   Garde, non pour — les trésors quelle entasse.

L'homme qui rapporte tout à —, n'est pas né pour la société. Dans le monde de l'égoïsme, chacun pense à —, et ne vit que pour —. Parmi les corps célestes le plus grand attire à — ceux qui lui sont inférieurs en masse, et qui se trouvent dans son centre d'attraction. En ne songeant qu'à —, on s'oublie ; on fait plus, on prépare son malheur éternel. Joséphine prend toujours pour — les recommandations faites par les maîtresses, et elle y conforme sa conduite, aussi obtient-elle tous les mois de nouvelles récompenses. On doit vivre d'accord avec — même, c'est-à-dire qu'il faut que le cœur et la conscience soient d'accord. Il faut savoir se vaincre. — Etre plein de — même, c'est être plein de vide. Si chacun s'appliquait à se connaître —, quel changement dans la vie sociale !

> Ici-bas le seul honneur solide.
> C'est de prendre toujours la vérité pour guide ;
> De regarder en tout la raison et la loi ;
> D'être doux pour tout autre, et rigoureux pour —.

Aimer Dieu par-dessus toute chose, et le prochain comme —, c'est accomplir la loi divine dans toute sa perfection.

EXERCICE QUARANTE-SIXIÈME.

A la place du tiret, l'élève emploiera un des pronoms exigés par la règle.

76. — Job ne pouvait trouver un être plus malheureux que —. Je vous confie ma maison donnez- — tous vos soins. Il ne suffit pas de faire vos devoirs de classe régulièrement, il faut vous — appliquer. Rien n'est plus dangereux que l'autorité en des mains qui ne savent pas — faire usage. Voici ma bourse, servez-vous- — toutes les fois que vous trouverez une bonne œuvre à faire. Cette malheureuse jeune fille commence à faire parler — ; tout le monde augure mal de sa coquetterie et de l'empressement avec lequel elle recherche les plaisirs du monde. En souvenir de moi, recueillez ces deux infortunés, donnez- — tous les soins que réclame leur position. Je suis très-

inquiète de ma pauvre sœur, voilà trois mois que je n'ai reçu — aucun signe de vie. Quand le mérite est vrai, mille fameux exemples ont fait voir que le temps ne — fait pas de tort. Pour l'amour de celui qui a dit : « Bénissez ceux qui vous maudissent, faites du bien à ceux qui vous haïssent. » Je me réconcilierai aujourd'hui avec mon ennemi, et s'il continue à me haïr, je vaincrai sa haine par mon amour ; je — ferai tout le bien qui sera en mon pouvoir.

76. — Quelque honorable emploi qu'on vous confie, ne vous — glorifiez pas. Si je vous dis adieu pour longtemps, ne — soyez point affligé : je vais où Dieu m'appelle ; souvenons-nous qu'il faut obéir à sa volonté sainte ; et nous nous soumettrons sans peine, si nous considérons que Dieu est tout aimable, qu'en —, nous trouverons le bonheur que nos cœurs recherchent vainement ici-bas. Sacrifions-lui donc notre volonté, et tous les sentiments de notre cœur.

> L'honneur est comme une île escarpée et sans bords :
> On ne — peut plus rentrer dès qu'on — est dehors.

> Le vrai contentement déride tous les traits.
> La brillante gaîté, ce fard de la nature,
> Rajeunit les vieillards, — donne un air plus frais.

> Le bec de la cigogne — pouvait bien passer,
> Mais le museau du sire était d'autre mesure.

J'allais avec — à la perdition ; mais la voix de Dieu se fit entendre. Saül rencontra en son chemin une troupe de prophètes, et se mit à prophétiser avec — .

Pendant toute la traversée, Jussieu abrita dans son chapeau le cèdre du Liban qui fait aujourd'hui l'admiration de tout Paris. Que de soins, il — prodigua ! pour —, il a jeté des poignées d'or aux douaniers ; pour — encore, il a enduré une soif cruelle, aimant mieux souffrir que de voir périr entre ses mains ce petit être qui devait rappeler un jour parmi nous les antiques souvenirs des temps d'Hyram et de Salomon. Le lézard vert peut vivre longtemps encore dans nos demeures pourvu qu'on — donne du soleil en été, de la chaleur en hiver, et pour sa nourriture, quelques insectes.

EXERCICE QUARANTE-SEPTIÈME

A la place des points, l'élève mettra le pronom *le* qu'elle fera accorder d'après la règle.

77. — Ciel! seriez-vous ce bienfaiteur secret que je bénis dans mon cœur depuis tant d'années? — Je … suis. Etes-vous chrétienne? — Je … suis, et bien résolue d'endurer toutes sortes de tourments, plutôt que de renier ma foi. Etes-vous souffrante? — Je … suis. Mes chers enfants, êtes-vous bien résignés? — Nous … sommes.

> Miracle! criait-on : venez voir dans les nues
>   Passer la reine des tortues.
> La reine! — Vraiment oui; je … suis en effet.

Les pauvres sont moins souvent malades, faute de nourriture que les riches ne … deviennent pour en prendre trop. Etes-vous les deux vétérans qu'on a présentés au prince? — Nous … sommes. Voici deux mille écus, prenez- … pour élever votre famille. L'avarice, l'ambition, l'envie et la colère, sont des plaies plus grandes et plus dangereuses dans les âmes, que les abcès et les ulcères ne … sont dans les corps. L'indulgence que le public a eue pour moi, je … dois à votre protection. Me suis-je trompé quand je vous ai pris pour l'électeur de Brandebourg? — Non, prince, car je … suis. Catherine de Médicis était jalouse de son autorité, et elle devait … être.

DES PRONOMS DÉMONSTRATIFS

EXERCICE QUARANTE-HUITIÈME

L'élève emploiera le pronom ce *selon la règle.*

78. — Ce qui me console dans toutes mes peines, est la pensée que rien ne m'arrive sans la permission de Dieu. Ce qui me peine le plus dans mes relations sociales, est l'ingratitude des hommes. Ce qui nous rend heureux, est ce qui nous réconcilie avec Dieu, et non ce qui nous élève au-dessus des autres hommes. Ce qui me peine le plus, est l'erreur dans laquelle vous êtes. Ce qui m'inspire le plus de pitié, est la misère morale. Ce qui est certain, est que le monde est de travers. Ce qui nous rend la vanité des autres insupportable, est qu'elle blesse la nôtre. Ce qui m'aide à traverser la vie, sont les espérances célestes : quoique lointaines, elles brillent parfois d'une si douce et si belle lumière, que mes nuits les plus sombres deviennent tout-à-coup semblables aux plus beaux jours. Supporter les injures avec patience et douceur pour l'amour de Dieu, est mériter beaucoup pour le ciel. Ce que j'ai le plus admiré dans la grotte de Fingal, sont les colonnes prismatiques : les eaux les ont si bien travaillées, si bien sculptées, qu'on les croirait bien plutôt l'ouvrage d'un artiste que celui de la nature.

78. — Ce qui m'a charmé dans cet enfant, est sa grande franchise. Ce qui vous divertit maintenant, sera peut-être la cause de vos pleurs. Ce que vous avez prévu est arrivé. Ce que nous avons tant redouté est maintenant sur le point de s'accomplir. Ce qu'il y a de plus pénible pour nous, est qu'il faut vous quitter. Ce qui nous paraît le plus difficile dans la pratique de la vertu est le renoncement à soi-même. Ce qu'il vous faut étudier maintenant, sont les sciences exactes ; elles vous sont nécessaires : l'imagination qui vous fait tant souffrir sera enchaînée par ce nouveau travail qu'il ne peut s'exécuter sans le secours de la raison et du jugement. Ce qui me plaît le plus dans cet ouvrage, sont les poésies qui y sont semées çà et là. Ce qui faut apprendre est négligé ; ce qu'il faut savoir est ignoré ; ce qu'il faudrait ignorer est bien connu. Ce que nous devons le plus appréhender parmi tous les maux de ce monde, est le péché. Tout ce que vous avez cru jusqu'ici, est une erreur. Ce que vous avez commandé est exécuté. Ce qui m'afflige le plus , sont les jours que j'ai perdus au service du monde. Ce qu'il faut le plus appréhender dans les relations sociales, sont les flatteries et les mauvais exemples. Lire sans réfléchir, est perdre son temps. Mettre toutes ses espérances dans ce monde qui passe, est oublier qu'on est immortel. Naître avec le printemps, mourir avec les roses, est le destin du papillon. Ce que nous avons recueilli de notre succession, est fort peu de chose : les procès en absorbent les deux tiers.

78. — Ce que vous aimiez hier, vous est peut-être insupportable aujourd'hui, et ceci ne m'étonne pas le moins du monde, attendu que le caprice vous gouverne. Ce qui m'appartient, est à toi. Ce qui afflige le plus souvent les vieillards, sont les conséquences des illusions de leur jeune âge. Blâmer la vanité de ceux qu'on flatte, est se plaindre du feu qu'on a attisé. Réduire l'âme à son corps, est la réduire à ses sens. Ouvrir son âme à l'ambition, est la fermer au repos. Ce qui vous avait si fort tourmenté, n'était qu'une illusion. Ce qui me charme dans ma solitude, est le silence. Ce qui est agréable est ordinairement préféré à ce qui est utile. Ce que je demandais depuis longtemps, m'est enfin accordé. Reprendre quelqu'un de de ses défauts, est lui prouver qu'on l'aime. Etre indulgent pour soi et sévère pour autrui est une grande injustice. Vouloir commander sans savoir obéir, est vouloir professer un art sans le connaître. Vêtir les pauvres par amour pour Jésus, est se revêtir soi-

même d'une gloire céleste qui sera d'autant plus res-
plendissante que nos œuvres de charité auront été
plus pures et plus multipliées.

EXERCICE QUARANTE-NEUVIÈME

L'élève corrigera les phrases défectueuses.

79. — Celui vraiment humble jouit d'une grande
paix. Celui miséricordieux sera traité avec miséricorde. Celui fort ne doit point abuser de sa force.
Parmi tous ces objets d'art, choisissez celui le plus
beau. La sagesse ne consiste pas à prendre indifféremment toutes sortes de précautions ; mais à choisir
celles qui sont utiles, et à négliger celles qui sont su-
perflues. Dans quelque contrée que le moineau habite,
on ne le trouve jamais dans les lieux déserts ni même
dans ceux éloignés du séjour de l'homme. Celui qui a
vécu dans la noblesse et l'abus des plaisirs s'est préparé une éternité de peines. Votre méthode n'est pas
en rapport avec celle qui est généralement suivie
parmi nous. De ces deux ornements, lequel préférez-
vous ? — Celui simple. Celui aimé, souvent n'aime pas.
En général celui heureux, à qui tout sourit dans la
vie, n'a pas le cœur compatissant : celui au contraire
éprouvé par les vicissitudes morales et physiques est
sensible aux malheurs de ses semblables. Celui fidèle
dans les petites choses sera fidèle dans les grandes.

EXERCICE CINQUANTIÈME

L'élève remplacera le tiret par un des pronoms démonstratifs :
celui-ci, celui-là, etc., selon la règle.

80. — Héraclite et Démocrite étaient deux philoso-
phes : — pleurait sans cesse ; — riait toujours. Les vertus
solides sont préférables aux talents : — exposent à
l'orgueil ; — rendent dignes du ciel. Un magistrat intè-
gre et un brave officier sont également estimables : —
fait la guerre aux ennemis domestiques ; — nous pro-

tége contre les ennemis extérieurs. Il ne faut pas confondre l'astrologie avec l'astronomie : — est la science exacte des lois qui régissent les corps célestes ; — au contraire, n'est qu'une science chimérique ; en d'autres termes, c'est la prétendue connaissance des choses futures par l'inspection des astres. Ne confondez pas les deux termes proscrire et prescrire : — signifie imposer sa volonté ; — veut dire éloigner quelqu'un, le bannir. Les verbes infecter et infester ne signifient pas la même chose : — veut dire ravager, piller, ou bien encore tourmenter, incommoder ; — signifie corrompre, répandre une mauvaise odeur.

80. — Les mots entendre et écouter offrent deux sens différents : — représente une action dépendante de la volonté ; — au contraire, exprime une action toute machinale : on écoute pour connaître une chose ou pour en être impressionné ; on entend toutes les fois que le sens de l'ouïe est frappé par un son ou un bruit quelconque. Les synonymes tumulte et vacarme ne peuvent pas être pris indifféremment l'un pour l'autre : — signifie grand bruit discordant ; — veut dire grand désordre provenant d'une multitude. On dira le tumulte du peuple, le vacarme d'une classe en désordre. Ne confondez pas les deux expressions : angoisse et anxiété : — représente une douleur vive et profonde ; — signifie une très-vive et très-pénible appréhension. Je préfère une honnête aisance à une grande fortune, car — est en général compagne assidue de la paix ; tandis que — est ordinairement escortée d'une foule d'inquiétudes.

DES PRONOMS POSSESSIFS

—

EXERCICE CINQUANTE ET UNIÈME

L'élève complètera les phrases.

81. — Votre propriété a plus de valeur..... On voit les maux d'autrui d'un autre œil que.....

Et..... et..... deux frères pointilleux.
Par son ordre amenant les procès et la guerre,
En tous lieux de ce pas vont partager la terre.

J'ai accompli ma promesse, accomplissez..... Ayez soin de vos fils et ne vous inquiétez..... Votre emploi est plus lucratif..... Le teneur de livres s'est trompé dans sa lettre du 14, en réponse..... du 27.

Escorté seulement de quelques-uns....., je m'éloignai pour toujours de ces lieux si chers à mon cœur. Sur le point de mourir, Socrate adressa..... des paroles sublimes sur l'immortalité de l'âme, et il s'efforça de les consoler en leur montrant le néant de cette vie terrestre et la gloire dont le sage doit resplendir dans la vie future. Gédéon choisit parmi..... trois cents hommes seulement ; ce petit nombre lui suffit pour remporter sur les Madianites une victoire décisive. Vos lettres ne me sont point parvenues ; j'ignore si..... ont eu le même sort.

DES PRONOMS RELATIFS

—

EXERCICE CINQUANTE-DEUXIÈME

L'élève donnera aux verbes à l'infinitif, le nombre et la personne du pronom relatif.

82. — Moi qui venir à vous pour recevoir quelque adoucissement à ma douleur, écoutez-moi, je vous en conjure, ne conservez pas cet air inflexible qui me déconcerter.

Celui qui mettre un frein à la fureur des flots,
Savoir aussi des méchants arrêter les complots.

Toi qui dire aux forêts : Répondez ; au zéphire,
Aux ruisseaux : Murmurez d'harmonieux accords ;
Aux torrents : Mugissez ; à la brise : Soupire :
A l'Océan : Gémis en mourant sur tes bords.

Vous qui venir de si loin, racontez-nous quelque aventure. Heureux ceux qui pleurer : ils seront consolés. Heureux ceux qui avoir le cœur pur, car ils verront Dieu. Heureux ceux qui être miséricordieux, car ils seront traités avec miséricorde. Toi qui savoir si bien ce que vaut cette vie, comment peux-tu y attacher ton cœur ?

> Le vent qui caresser sa tête échevelée,
> Me montrait tour à tour ou me voilait ses traits,
> Comme on voit flotter sur un blanc mausolée
> L'ombre des noirs cyprès.

Soleil, qui resplendir de tant d'éclat, dis-moi qui t'avoir créé.

82. — Vous êtes le seul qui rester de tous ceux que j'ai envoyés. Etes-vous celui qui devoir venir ou devons-nous en attendre un autre ? Seriez-vous le peintre anonyme qui peindre si bien les fleurs et les paysages ? Vous êtes la force qui soutenir ma faiblesse, l'espoir qui ranimer mon courage abattu ; vous êtes en un mot la vie de ma vie. Vous êtes les trois qui avoir été choisis pour recevoir des récompenses. Nous sommes les deux qui n'avoir pas eu de secours dans ce déplorable événement. Nous deux qui avoir porté tout le poids de vos affaires pendant de si longues années, n'aurions-nous plus aujourd'hui votre confiance ? Nous, pauvres paysans, qui nourrir les opulents habitants des villes, serons-nous toujours l'objet de leur mépris ? — Cultivateur laborieux, qui consacrer ton temps et employer tes forces pour subvenir aux besoins de tes frères, qui, dès l'aurore, parcourir ou traverser les champs portant sur tes épaules tes instruments aratoires, et qui sembler vivre ignoré de tous, sois content de ton sort, et n'envie pas au citadin le salon doré où s'assiéent avec lui le chagrin et l'inquiétude ; oh ! ne le jalouse pas : ta destinée vaut cent fois la sienne, et lui paraîtrait digne d'envie, s'il la connaissait.

EXERCICE CINQUANTE-TROISIÈME

L'élève corrigera les amphibologies qu'elle rencontrera dans les phrases suivantes.

83. — Vous avez fait un affront à mon frère qui n'est pas soutenable. Nous avons trouvé un squelette dans une carrière qui était entièrement pétrifié. Nous avons trouvé des champignons dans ces prés qui sont très-vénéneux. Je tiens une bourse dans la main que vous avez perdue. J'ai les lunettes sur mon nez que vous avez égarées. J'ai fini un couvre-pieds pour mon frère qui était fait de trois cent vingt pièces en losange, si bien nuancées que le tout fait un effet charmant. Vous venez de soutenir une proposition devant mon frère qui est absurde et impie. Enfin j'ai ramené à la vérité ces pauvres esprits par de solides raisonnements qui étaient complètement égarés. On a volé tout le foin pour l'âne de mon frère qui était au râtelier. Un pêcheur prit un carpeau au bord d'une rivière qui n'était encore qu'un fretin. Je tiens à ce monde par la matière qui passe, et je tiens à Dieu par mon esprit qui est immortel. Mon pauvre frère au pied de ce rocher battu des flots, qui avait comme un pressentiment de sa mort prochaine, me fit, hélas ! ses derniers adieux ! Nous avons trouvé des neiges en parcourant les Alpes qui étaient rouges. Ce phénomène est dû à la présence de champignons nains d'un rouge vif. Le gouverneur de Château-Randan déposa sur le cercueil de Duguesclin les clefs de cette place qui venait de rendre le dernier soupir. Le fameux labyrinthe d'Egypte fut bâti par douze grands seigneurs du pays, qui se composait de douze grands palais entièrement semblables. Ce physicien a fait une omelette au rhum dans son chapeau qui était d'un goût exquis. J'ai donné une robe à Louise qui était toute faufilée. J'envoie une dinde à ma tante qui est truffée et farcie.

EXERCICE CINQUANTE-QUATRIÈME.

A la place du tiret, l'élève mettra le pronom relatif exigé par la règle.

84. — As-tu bien éprouvé celui — tu confies tes secrets? Le globe que nous habitons a quarante millions de mètres de circonférence, il est situé à trente-quatre millions de lieues du soleil, autour — il fait sa révolution en trois cent soixante-cinq jours. Le saint solitaire — je venais d'ouvrir mon cœur, me dit de sublimes paroles sur le néant de la vie et sur l'importance du salut. La trompette a sonné, les traits sifflent : Moïse sur un mont à l'écart, debout, les bras levés, priait le Dieu, par — les flots sont soulevés. Celui qui règne dans les cieux, et — relèvent tous les empires, — seul appartient la gloire, la majesté, et l'indépendance, est aussi le seul qui se glorifie de faire la loi aux rois. Les souvenirs de mon enfance sont ceux — mon cœur s'est le plus fortement attaché. Philippe fut assassiné par Pausanias — il n'avait pas rendu justice. La foi, l'espérance et la charité sont les trois vertus, sur — roule toute l'harmonie morale et religieuse.

84. — Phalante — la honte et le désespoir donnent encore un reste de force et de vigueur, élève les mains et les yeux vers le ciel. Le serment, par — ma mère mourante m'avait comme enchaînée, fut toute ma vie le lien puissant qui fixa mon cœur à la vertu. Le bonheur — j'aspire, n'est pas de ce monde. Les travaux — je m'applique seront bientôt terminés. Les méditations — je me livre chaque jour, me détachent peu à peu des choses de la terre. Hier, un laboureur, en creusant ses sillons a trouvé réunis une couronne de roi, une houlette de pâtre et deux têtes arides, — dites-moi, Dieu avait-il donné un diadème? L'amie, pour — je m'étais sacrifiée, s'est rendue coupable de la plus noire ingratitude. Parviendrai-je au but, vers — je tends de toutes mes forces? La source — je

puise tant de consolations, vous serait-elle inconnue ?
En revoyant ces rochers sur — j'étais venu si souvent
respirer la brise du soir : cette vaste mer — les flots
capricieux avaient tant de fois captivé et comme
enchaîné mes regards, je me pris à rêver à ce temps
fortuné de mon enfance. Je revis ma chaumière avec
tous ses souvenirs ; il me semblait revoir encore ma
vieille et bonne mère — j'avais prodigué tant de soins
et qui m'avait payé de tant d'amour.

EXERCICE CINQUANTE-CINQUIÈME

L'élève remplacera le tiret par *d'où* ou *dont*, selon la règle.

85. — La maison — vous venez déshonore votre
caractère : qu'allez-vous chercher dans ces cercles
bruyants où règnent la calomnie et la médisance ?
Dans ces festins où la dissolution préside, où l'impiété
fait entendre sa voix sacrilége? Comment avez-vous
pu entrer dans cette île — vous sortez. Rappeler aux
anciennes formes de son origine, un peuple éclairé,
puissant, immense, c'est vouloir renfermer un chêne
dans le gland — il est sorti. Escorté de quelques
esclaves indigènes, nous remontâmes le cours de
la rivière jusqu'aux rochers — elle s'échappe ; nous
pénétrâmes même dans la grotte profonde qui recèle
sa source ; à la lueur de nos flambeaux, nous découvrîmes une foule de merveilles formées par la nature.

> Le corps né de la poudre, à la poudre est rendu ;
> L'esprit retourne au ciel — il est descendu.

C'est une difficulté — les plus fins ne pourront guère
se sortir. La famille — vous descendez, n'est-elle pas
originaire de l'Ecosse? Le cotonnier — le produit
forme maintenant une des plus riches branches d'industrie, croît en abondance dans l'Inde et dans les
régions chaudes de l'Amérique. Un seul acte de la
volonté divine pourrait replonger dans le néant —
il est sorti, cet immense et admirable univers. Les

Arabes ont une très-grande vénération pour Abraham — ils descendent par Ismaël.

85. — Les Gaulois — nous tirons en partie notre origine, furent complétemeut soumis par les Romains après neuf années de combats. La Forêt-Noire — sort le Danube, était si grande au temps des anciens Germains, qu'il fallait soixante jours pour la parcourir dans sa longueur. L'homme de génie fait sortir un fleuve de la même source — le talent ne tirerait qu'un ruisseau. Charles Ier fit une fin aussi malheureuse que Marie Stuart — il était le petit-fils. La déesse remonta dans le nuage — elle était sortie. Viens donc, ô homme, apprendre d'un insecte les vertus — proviennent le repos et le bonheur. Quel est le bois — tu as cueilli de si jolies fleurs ? — viens-tu ? — tirez-vous de si beau quartz ? L'Eden — l'homme fut chassé et banni était une délicieuse région arrosée par quatre fleuves qui, dans les temps les plus reculés, étaient connus sous les noms du Tigre, de l'Euphrate, du Géhon et du Phison.

EXERCICE CINQUANTE-SIXIÈME

L'élève corrigera les phrases où les pronoms *que* et *qui* sont trop souvent répétés.

86. — On m'a confié des choses qu'il faut que vous ignoriez jusqu'à nouvel ordre. La mythologie est un recueil de fictions enfantées par les poètes de l'antiquité. Aujourd'hui, on a peine à concevoir qu'il y ait eu des êtres raisonnables qui aient pu donner leur adhésion à des croyances qui sont si absurdes. C'est une mauvaise plaisanterie qu'il a voulu nous faire ; mais que sa méchanceté n'a pu pousser à bout, faute de finesse. C'est un mauvais parti qu'il faut que vous abandonniez sans délai. C'est une circonstance, que j'espère, qui ne se reproduira pas. Ces grandes montagnes et ces forêts que nous avions vues à l'horizon, qui s'évanouirent tout-à-coup, ce n'était qu'un effet de mirage.

C'est un terrain qu'on a cru pendant longtemps qui était impropre à la culture. La salamandre qui n'est qu'un amphibie qui n'offre rien de particulier, nous était représentée par les anciens naturalistes comme ayant la triple faculté de vivre dans l'eau, dans l'air et dans le feu. Ce souvenir que vous avez cru qui ne pourrait jamais sortir de son cœur, en est aujourd'hui totalement effacé : telle est l'instabilité du cœur humain.

DES PRONOMS INDÉFINIS

EXERCICE CINQUANTE-SEPTIÈME

L'élève remplacera le tiret par *son, sa, ses* ou par *leur, leurs*, selon la règle.

87, 88. — Récompensez ces enfants chacun selon — mérite. Rangez ces livres dans la bibliothèque chacun selon — format. Lorsque les druides eurent donné le signal , chacun éteignit — flambeau ; et dans les ténèbres, on entendit les cris déchirants des victimes, puis le râle de la mort auquel succéda un silence absolu qui acheva de nous glacer d'effroi. Ils ont apporté des offrandes au temple, chacun selon — moyens et — dévotion. Elles vaqueront à leurs occupations, chacune — tour. Au conclave, les cardinaux donnent leur voix chacun selon — inspiration. Au temple du Capitole, tous les faux dieux recevaient des sacrifices chacun selon — rang et le degré de puissance qu'ils étaient sensés avoir reçu du Destin. Lépidus ayant donné le signal dont on était convenu, les deux généraux passèrent dans l'île chacun de — côté. Le siècle de Louis XIV a eu des poètes qui ont excellé chacun dans — genre.

87, 88. — Les abeilles bâtissent chacune — cellule. Quelques archéologues ont essayé de dessiner, chacun selon — notions, la gigantesque tour de Babel. Les deux familles regardèrent chacune cette union comme — propre ouvrage. Nous exerçons des professions différentes, chacun selon — aptitude. Les hommes ayant chacun — somme de misères, devraient être toujours indulgents les uns pour les autres. Chez les anciens patriarches, tous les membres de la famille concouraient à la prospérité commune, chacun selon — moyens. On avait représenté les quatre saisons portant chacune — attribut. Dans toute l'assemblée générale du peuple romain, tous les citoyens, de quelque rang qu'ils fussent, avaient droit de donner leurs suffrages chacun dans — tribu. En Islande, pendant les longues soirées d'hiver, il est d'usage de se réunir entre voisins, et de chanter par groupes, chacun à — tour, de touchantes et naïves ballades rappelant quelque histoire du pays. Ces pauvres nègres venaient nous offrir des présents chacun selon — moyens.

EXERCICE CINQUANTE-HUITIÈME

L'élève emploiera *l'un et l'autre* ou *l'un l'autre*, selon la règle.

89. — Si les hommes ne se donnaient pas des louanges —, ils vivraient bien isolés. Ces deux enfants se frappent —. Le célèbre Cook a parcouru — hémisphère. Quoique Pline et Buffon ne soient pas égaux en mérite, ils ont droit — à notre admiration. Les hommes sont faits pour se secourir — . L'eau réduite à l'état de vapeur acquiert un volume dix-sept cents fois plus grand ; elle se compose alors de vésicules sphériques qui, se repoussant — donnent le volume dont nous venons de parler. Hommes vains, que l'orgueil aveugle, de quel droit vous jugez-vous ainsi — ? Ignorez-vous donc ces paroles du Souverain-Juge : Ne jugez point et vous ne serez point jugés. La douceur et la fermeté sont indispensables à l'instituteur : ses deux qualités morales se modifiant — forment un équilibre parfait. La douceur et la modération sont

deux aimables qualités, vous tâcherez de les acquérir —.

89. — Elles manquent à la charité — : Julie, en dévoilant les défauts de ses compagnes : et Fleurine, en se taisant malicieusement chaque fois qu'il y a un éloge à en faire. L'analogie qui existait entre les destinées de ces deux femmes, les portait à se consoler —. Les ouragans et les trombes sont des vents furieux qui sont accompagnés — de pluie et de tonnerre. On ne va pas loin dans l'amitié, si l'on n'est pas disposé à se pardonner — les petits défauts. Ces deux fripons se dupent —. Aidez-vous —, le fardeau sera moins lourd. Maintenant que j'ai entendu vos débats, vous irez — offrir un sacrifice au temple de la Concorde. Les hommes ne sont faits que pour se consoler —. Les victoires, les conquêtes s'effacent — dans notre histoire.

EXERCICE CINQUANTE-NEUVIÈME

Tous les qualificatifs se rapportant à *on* sont au masculin singulier; l'élève corrigera.

90. — Quand on est aussi léger et aussi étourdi que vous l'êtes, mesdemoiselles, on ne peut point faire de progrès. Lorsqu'on est riche et libre comme vous, mesdames, on doit se dévouer pour les malheureux. On est bien impatient, aujourd'hui, ma chère fille ; allons, modérez cette humeur qui ferait oublier toutes vos bonnes qualités. On commence par être vaniteux et coquet, on finit par être très-méprisable. A votre âge, chère Lucie, on est bien inexpérimenté. On est souvent malheureux par sa faute. Qu'on serait aimable et aimé, ma Céline, si l'on n'était pas si étourdi. Silence! si les espions nous soupçonnent ici, on est perdu! On s'est trompé dans ce raisonnement. Il en a été de notre querelle sur le Parnasse, comme de ces duels d'autrefois, où, après s'être battu à outrance et s'être quelquefois blessé cruellement l'un et l'autre, on

s'embrassait et l'on redevenait sincèrement ami. Aujourd'hui, on n'est pas charmant; d'où vient ce changement? seriez-vous capricieux, ma petite Louise?

EXERCICE SOIXANTIÈME

L'élève emploiera *l* euphonique selon la règle et suivra l'indication de l'exercice précédent pour les qualificatifs se rapportant à *on*.

90, 91. — Peut-on vivre heureux quand on est séparé? Peut-on être plus ami que vous ne l'étiez hier? Mesdemoiselles, si on est laborieux et soumis, je promets de douces récompenses. On trouve encore du bonheur à obliger des ingrats lorsqu'on pense que Dieu répand chaque jour ses innombrables bienfaits sur les méchants comme sur les bons. Les colliers des habitants de Musgow, en Afrique, avaient cinq ou six rangs, et n'étaient autres, m'assura-t-on, que les dents d'ennemis qu'ils avaient tués dans les batailles. Est-on bien résolue, ma chère Elina, de se corriger de cette dissipation qui nous a fait commettre tant de fautes? On pêche la baleine en l'accrochant avec un harpon de fer auquel est attachée une immense corde qu'on déroule à mesure que cet animal plonge dans la mer. Si on examine une goutte d'eau à l'aide du microscope, on y découvre une myriade d'insectes. Si on s'appliquait à se connaître soi-même, on serait bien indulgent pour autrui.

91. — On désigne sous le nom de combustibles tous les corps qui jouissent de la propriété de se réduire en cendres en donnant de la chaleur et de la lumière. Si on excepte les sables brûlants des déserts ou les plages glacées des pôles, on trouve des plantes sous toutes les latitudes, à toutes les hauteurs, dans toutes les espèces de terrains. On gagne les esprits par beaucoup de douceur. On n'a jamais pu apprivoiser l'hirondelle, qui, de temps immémorial, bâtit son nid dans nos maisons. On appelle bitume une substance minérale, tantôt liquide, tantôt solide, qui s'enflamme

avec une grande facilité. Si on en croit certains historiens, la poésie pastorale prit naissance en Sicile ; Daphnis serait le premier poète bucolique qui se serait rendu célèbre parmi les Grecs. On nomme poésie bucolique celle qui peint la vie champêtre dans ce qu'elle a de plus gracieux. On a nommé le célèbre Molière le fléau du ridicule. Si on voulait me croire, nous irions aujourd'hui faire une promenade dans la forêt ; le temps est calme, le ciel est pur ; nous sommes nombreux et la plupart armés : on n'a donc rien à redouter, ni du temps, ni des malfaiteurs. Si on vous interroge, que répondrez-vous ? — La vérité.

EXERCICE SOIXANTE ET UNIÈME

L'élève soulignera le mot personne employé comme pronom pour le distinguer d'avec son homonyme.

92. — Les personnes faibles ne peuvent être sincères. Pendant notre longue pérégrination à travers ces forêts vierges et ces vallées profondes, nous ne rencontrâmes que quelques nègres qui ressemblaient plutôt à des singes qu'à des personnes. Les personnes retirées, libres de tout engagement avec le monde, ne s'occupent que du soin des choses du Seigneur. Il ne faut mépriser personne. En général, personne n'aime à entendre médire de soi ; pourquoi donc sommes-nous si enclins à parler mal d'autrui ? Personne n'est venu troubler la profonde solitude dans laquelle j'avais désiré m'ensevelir tout un jour. J'ai profité de ce calme extérieur pour m'entretenir avec Dieu. Quel délice pour une âme vraiment chrétienne que de pouvoir communiquer avec les trois personnes divines. Pendant cet ineffable entretien, on ne sait si le cœur est dans le ciel ou si le ciel est dans le cœur. Les personnes qui sont incapables d'oublier les bienfaits sont ordinairement généreuses. Je n'ai connu personne de plus aimable que cette jeune fille. Je n'ai personne pour m'accompagner à Malval ; mais j'écouterai pour me distraire le chant des oiseaux, le gémissement du

vent dans les bois, et ces mille voix de la nature qui nous parlent du bon Dieu d'une manière ravissante.

92. — Nous avons un hôte de plus dans la cuisine, un grillon qu'on a apporté parmi des herbes ce soir. Le voilà établi dans le foyer, où la petite bête chantera quand elle sera joyeuse. Que personne n'y touche. Nous n'avons rendu visite à personne, et voilà cependant quinze jours que nous sommes à Vallombreuse ; cette délicieuse solitude achèvera de nous rendre ermites. Nous préférons chez nous la compagnie des gens simples à celle des personnes du monde. Quand personne n'a besoin de moi, je monte dans ma chambrette, et là, assise près de la fenêtre ouverte, en face de ce beau ciel bleu, de ces vastes prairies, de ces bois touffus, cernés par de riants coteaux, je me mets à chanter avec les oiseaux, ou je remercie le bon Dieu d'avoir fait de si belles choses pour l'homme en général, et en particulier pour une personne aussi indigne que moi. Personne ne sait s'il est digne d'amour ou de haine. Personne a-t-il jamais raconté plus naïvement que La Fontaine ? Chacun dit du bien de son cœur, et personne n'en ose dire de son esprit. N'avez-vous personne dans votre vallée qui puisse vous apprendre un peu de botanique ? Par cette douce étude on se lie, pour ainsi dire, avec une multitude de gracieux petits êtres qui nous racontent chacun à leur manière la puissance et la bonté de Dieu.

EXERCICE SOIXANTE-DEUXIÈME

L'élève soulignera le mot *rien* employé comme pronom pour le distinguer d'avec son homonyme.

92. — Il y a des moments où l'âme ne prend part à rien de ce qui se fait autour d'elle. Rien n'est joli comme la fleur ; rien n'est passager comme elle. Rien ! toujours rien ! voilà douze jours d'une anxiété mortelle. Si la confiance en Dieu ne soutenait mon âme, rien ne pourrait me consoler de l'absence de ma Zélie.

Dans ma solitude, aujourd'hui, je n'ai rien trouvé de mieux à faire que de revoir mes vieux souvenirs. J'arrive tout embaumée de la chapelle de mousse où repose le saint ciboire. Rien n'est beau comme le jour où Dieu vient reposer parmi les fleurs et les parfums du printemps. Oh ! quel don ! que dire de l'Eucharistie ? rien ne peut l'exprimer : on adore, on possède, on vit, on aime, l'âme sans parole se perd dans un abîme de bonheur. J'ai pensé à toi parmi ces extases, et t'aurais bien désiré à mon côté à la sainte table, comme il y a trois ans. Un air sévère, une parole un peu brève, un mouvement brusque, un rien, en un mot, suffit pour la jeter dans le trouble et lui faire passer une mauvaise journée. On n'a rien à craindre de ceux qui craignent Dieu.

92. — Mon âme n'a rien qui lui pèse, rien qui lui donne un remords. J'ai vécu heureusement, loin du monde, dans l'ignorance de tout ce qui porte au mal ou le développe en nous. Rien ne te manquera tant que tu seras dans l'amitié de Dieu. Ne perdez pas votre temps à des riens. Je n'ai plus rien de gai à te raconter : depuis que la mort a frappé à notre porte, tout est morne et silencieux dans notre pauvre demeure. Dieu fit toutes choses de rien. Il ne faut rien révéler de ce qui nous a été confié. Une parole légère, un rien pris de travers occasionne quelquefois bien des troubles. Rien n'est propre à élever notre âme à la connaissance de la grandeur de Dieu comme l'étude de l'histoire naturelle. Il ne faut jamais réprimander quand on se sent le cœur ému : attendons que notre âme soit rentrée dans un calme parfait, autrement nous ne dirions rien qui vaille. On n'est pas né en solitude, on n'est pas élevé, on n'a pas vécu entre ciel et terre, en plein air, près de la croix, pour sentir comme les autres, comme ceux qui reçoivent du monde leurs pensées et leurs affections. Rien ne m'est venu de là, rien ne m'en viendra sans doute. Ce n'est pas la peine ni mon vouloir de me tourner de ce côté.

CHAPITRE VI

Du Verbe.

DU SUJET

EXERCICE SOIXANTE-TROISIÈME

L'élève fera revivre les sujets sous-entendus, soulignera ceux qui sont exprimés.

93. — Il est un Dieu : les herbes de la vallée et les cèdres de la montagne le bénissent ; l'insecte bourdonne ses louanges ; l'éléphant le salue au lever du jour ; l'oiseau le chante sous le feuillage ; la foudre fait éclater sa puissance, et l'Océan déclare son immensité. Le ciel protége la vertu. La femme doit prendre soin du ménage. Qui vivra, verra. Qui implore la Providence, et n'en est pas secouru ? Qui n'est pas miséricordieux, ne doit point attendre de miséricorde. Qui a mis son espoir dans l'homme, sans avoir éprouvé des déceptions ? Qui cherche la vérité, la trouvera. Qui a fixé le soleil sans avoir eu ensuite la vue troublée ? Dans ce monde trompeur, j'ai cherché le bonheur et ne l'ai point trouvé. J'ai demandé des consolations aux créatures, et n'en ai point reçu. J'ai demandé des faveurs, et n'en ai point obtenu. Le monde semblait s'être joué de lui : il avait sacrifié à ses amis son temps et sa fortune, il n'en reçut aux jours de son affliction que l'ingratitude et le mépris. Qui ne travaille pas, pour Dieu, ne recevra point de récompense.

EXERCICE SOIXANTE-QUATRIÈME

L'élève fera revivre les verbes sous-entendus, et les soulignera.

94. — Le ciel était livide et la mer en fureur. Les

ɔrés sont verts et les cieux, éclatants. Les méchants sont punis et les bons, récompensés. Les prés sont fauchés et les blés, moissonnés. Nous avons cru un moment que le navire allait se briser contre les écueils : les vagues se soulevaient hautes comme des montagnes et nous, tantôt sur le faîte des eaux soulevées, et tantôt plongées dans le gouffre béant des abîmes. Sous le règne de Saint-Louis, les lois furent respectées, la vertu récompensée et le crime sévèrement puni. Les oiseaux ont leurs nids ; les renards, leurs tanières. Cette femme est mourante, et ses enfants abandonnés. Ces grèves sont désertes et ces bords, dangereux. Nos arbres étaient chargés de fruits ; nos champs, couverts d'épis. Le jour est le temps du travail, la nuit, celui du repos. Ses leçons sont excellentes et ses conseils, pleins de sagesse. Dans ces belles solitudes, les rochers sont tapissés de lierre et les arbres, ornés de plantes qui serpentent autour de leur tronc, s'entrelacent dans leurs branches et retombent en guirlandes. De tous côtés l'œil semble respirer la fraîcheur ; et l'âme, recevoir un nouvel esprit. Au quatorzième siècle, l'Italie fut illustrée par le Dante, et l'Espagne, au seizième, par Michel Cervantes. Mon âme est désolée et mon cœur, abattu.

EXERCICE SOIXANTE-CINQUIÈME.

L'élève corrigera les phrases défectueuses.

95. — A ces paroles, Julie pénétrée de reconnaissance, elle se jeta aux pieds de sa bienfaitrice. La foule qui semblait menaçante, elle s'apaisa tout-à-coup. Jésus commanda aux vents et à la tempête, et la mer qui était furieuse se calma aussitôt. Ces fleurs qui étaient si fraîches ce matin, elles sont déjà toutes flétriés. Ce pauvre esclave se croyait perdu : il passa soudain de l'affliction la plus profonde à la joie la plus vive. Les lauriers de la gloire qui coûtent tant de sacrifices, et qu'un rien peut flétrir, ils ne doivent point captiver nos cœurs. Le temps qui est le prix de l'éter-

nité, il est cependant follement dépensé par la plupart des hommes. Cette vie qui passe comme un songe, elle ne vaut pas la peine que nous y attachions notre cœur. Le divin Jésus dont le cœur a tant souffert, il est celui que j'ai choisi pour ami ; lui seul il comprend la douleur ; lui seul il peut la calmer. A ces paroles, les soldats qui avaient déjà formé le dessein d'abandonner leur chef, ils se ranimèrent et firent des prodiges de valeur. Pierre l'ermite après avoir vu de ses yeux les calamités des chrétiens en Orient, il jura à Siméon, patriarche de Jérusalem, d'aller trouver le pape et tous les princes d'Europe pour les supplier de délivrer la Terre-Sainte du joug des infidèles. Duguesclin voulait délivrer la France de ces bandes de pillards surnommés Malandrins ; il les emmena en Espagne pour détrôner Pierre-le-Cruel. L'oiseau qui cherche sa branche, l'abeille qui cherche sa fleur, le fleuve qui cherche sa mer, volent, courent jusqu'au repos. Il en est ainsi de mon âme jusqu'à ce qu'elle ait trouvé le ciel.

DE L'ACCORD DU VERBE AVEC SON SUJET

EXERCICE SOIXANTE-SIXIÈME

Tous les verbes sont à l'infinitif ; l'élève les fera accorder avec leurs sujets.

96. — Nous aimer à venir à la chûte du jour sur les grèves solitaires ; là nous écouter ces voix sans cesse renaissantes des flots et des vagues. Que faire-tu dans cette bruyante Babylone ? Pauvre enfant ! combien tu devoir regretter le paisible hameau où s'écouler ton enfance : ta vieille amie être toujours là qui travailler et prier en attendant ton retour. Les arbres être chargés de fruits, nos champs être couverts d'épis dorés ; la vigne qui tapisser notre maisonnette être toute garnie de grappes presque mûres. On

r'attendre plus que toi pour moissonner et recueillir. D'où venir-vous hier, lorsque nous vous rencontrer ? Une grappe être un assemblage de fleurs ou de fruits qui avoir un pédoncule commun. Vous chanter, j'en être fort aise ! Eh bien ! danser maintenant ! Mon ami, je vouloir bien te voir prier comme un enfant du bon Dieu. Une noce passer au chemin de Cordes : tout à l'heure on sonner de ce côté pour un mort ; voilà bien la vie. Je la voir toute dans mon petit tableau. Quand vous voir tomber le feuillage des bois ; quand l'hirondelle avoir abandonné nos demeures, je avoir déjà quitté pour toujours cette terre d'exil.

EXERCICE SOIXANTE-SEPTIÈME

L'élève fera accorder les verbes avec leurs sujets qu'elle soulignera.

97. — Jeanne de Blois et le comte de Montfort amener par leur querelle la funeste bataille de Crécy. Vers la fin du neuvième siècle, les lettres, les arts et les science décliner de nouveau. Sa tête presque chauve, son visage noble et serein, sa barbe ondoyante et blanche imprimer le respect.

Le saule, ami des eaux, et la ronce épineuse
Croître au bord du fleuve en longs groupes rangés.

La vertu et l'ambition être incompatibles. Les troubadours et les trouvères commencer au douzième siècle ce mouvement intellectuel qui se transporter bientôt en Italie où il se développer comme un foyer puissant. A l'approche de l'hiver, la cigogne au long bec et la grue passagère prendre la fuite et s'élever au haut des nues. Tronchet, Malesherbes et Desèze ne pouvoir, malgré leur éloquence, gagner la cause de l'infortuné Louis XVI.

Parmi les lataniers qu'agiter le zéphire,
La perruche bruyante et le lori vermeil
Sauter sous la feuillée, à l'abri du soleil.

La demeure et la nourriture des esclaves portiers ne différer guère, chez les païens, de celles des bouledogues dont ils partager les fonctions.

97. — Les herbes, les fleurs et les mousses croître à l'envi sur cette tombe comme pour la dédommager de l'ingratitude et de l'oubli des hommes. La Suède et la Norwége ne former maintenant qu'un royaume. L'Isère et la Durance se jeter dans le Rhône. Louis VII et Conrad III, entraînés par la voix éloquente de saint Bernard, entreprendre la deuxième croisade. Le cocotier, le sagoutier et le palmier appartenir à la famille des palmiers. Le cerfeuil, le panais, la carotte et le céleri, être de la famille des ombellifères, c'est-à-dire des plantes dont les fleurs être disposées en parasol. Le printemps et la jeunesse, le rossignol et le musicien, avoir entre eux de l'analogie. Ces grandes salles, ces meubles antiques, ces fenêtres à ogives, produire sur mon imagination un singulier effet. Les lauriers et différentes sortes d'arbrisseaux former d'eux-mêmes des berceaux et des bosquets d'une délicieuse fraîcheur ; les peupliers, les platanes et des frênes d'une admirable beauté couvrir les collines qui dominer ce charmant vallon. Le toucher, le goût, l'odorat, la vue et l'ouïe, être les cinq sens ou organes au moyen desquels l'âme communiquer avec les objets extérieurs.

EXERCICE SOIXANTE-HUITIÈME

L'élève écrira les verbes selon la règle.

98. — Lucie et moi partir à cinq heures du matin, accompgagnées de la vieille Geneviève ; la journée être pour nous pleines de charmes. Tes compagnes et toi, ma pauvre Zélia, n'être que des étourdies. Mon père, ma sœur et moi, aller souvent rendre visite a la Madone qui être placée au cœur de la forêt. Fernand et moi admirer les desseins de la divine Providence dans cet évènement, qui, de prime-abord, sembler

nous être contraire. Séraphine et moi avoir la même manière de voir. Prendre, vous et moi, dès ce jour, la résolution de nous consacrer au service des pauvres malades : nous servir Jésus dans nos frères souffrants, et après l'avoir servi avec amour sur la terre, nous le posséder dans le ciel. Il faut que toi et ceux qui suivre aller en exil, partir en toute hâte, fuir la colère du kalife : aujourd'hui, c'est l'exil; demain, peut-être la mort. Vous et votre fille n'attendre rien de cette femme sèche et hautaine : tout son bien être aliéné; je devoir vous prévenir. Narbal et moi nous admirer la magnificence du temple de Diane.

98. — Vous et votre frère être invités à passer tout le printemps dans notre petite retraite d'Ecully. Je vous déclare que vous ou moi sortir d'ici. La première de la famille, j'ai vu le mausolée ce matin. Cela s'est ainsi rencontré; mais lui et moi ne nous être pas toujours rencontrés d'abord et mis à part? Cela se continue, et le tête-à-tête, hélas! sur un cimetière! Mon amie et moi, nous nous plaire à faire revivre tout ce passé; mais, hélas! que de souvenirs amers! Ma sœur et moi aller et venir pour les arrangements convenables dans cette chambre qui s'allait changer en église. Vous et vos enfants ne craindre rien : la protection de Mme la comtesse vous sortira de ce mauvais pas. Léonce et moi aimer à gravir les endroits escarpés; les fleurs que nous cueillions sur la cime d'un rocher nous semblaient bien plus belles; nous en formions de gracieux bouquets que nous portions tout joyeux à notre pauvre mère. Vous et vos adeptes dévoyer complètement. Mon père et moi nous le voir dépérir chaque jour, malgré nos soins assidus et empressés : ni l'air pur de la montagne, ni le beau soleil de mai, hélas! ni notre amour ne purent le ravir à la mort.

EXERCICE SOIXANTE-NEUVIÈME

L'élève fera accorder le verbe avec le dernier substantif toutes les fois qu'il se présentera un des cas énoncés dans la règle.

99. — Ma protection, ma défense, mon soutien, être en Dieu seul. L'envie de paraître, le désir des louanges, être le mobile de toutes vos actions. Un rêve, une illusion, l'impressionner comme une réalité. L'égoïsme espagnol est froid ; la fierté, la hauteur, l'arrogance tranquille, en être le caractère. Le luxe, la somptuosité, la magnificence qui régner chez Salomon, être extraordinaire. Sa colère, sa fureur, nous glacer d'épouvante. L'avarice, l'ambition, le faux zèle, transporter les pharisiens. Lorsque le vieillard, remontant le cours du passé, se reporte aux jours riants de son enfance, un charme secret, une douce volupté, s'emparer de tout son être ; son imagination lui représente les objets qu'il a aimés, et qui ne sont plus, comme s'ils étaient encore existants. Mais quand ce moment d'illusion est passé, quelle déception ! La prudence, la circonspection, régner dans toutes ses paroles. L'orgueil, la fierté de Caton le rendre impassible au milieu des outrages : il regardait ses ennemis comme des bêtes contre lesquelles il est honteux de se mettre en colère. Si un chrétien, dans le support des injures, était animé de pareils sentiments, son calme, sa patience, sa douceur, lui être un sujet de condamnation, au lieu d'être celui de sa récompense et de sa gloire.

99. — Un ciel toujours sec, un soleil dévorant, achever d'abattre en nous le courage et la force ; nous errions au hasard, sans boussole et sans guide, n'ayant d'autre perspective que la mort ; mais la bonté, la Providence de Dieu, veiller sur nous ; le lendemain matin, nous aperçûmes à peu de distance une oasis que la convexité de la terre nous avait cachée. Son courage, son intrépidité, étonner les plus braves. Dans tous les âges de la vie, l'amour du travail, le

goût de l'étude, être un bien. Le calme, la sérénité du ciel et de la mer, influer sur notre âme ; nous respirions je ne sais quoi de délicieux qui embaumait nos cœurs, et les portait à bénir Dieu, l'auteur de tout bien et de toutes merveilles. Mon père ou mon oncle être nommé directeur de cet établissement. L'ignorance ou la malice l'avoir porté à cette action. L'humilité ou l'orgueil être le mobile de la scène étrange dont nous venons d'être témoins. La tristesse, le chagrin, flétrir son pauvre cœur. Nous sommes si peu faits pour être heureux ici-bas, qu'il faut nécessairement que l'âme ou le corps souffrir. L'avarice ou la sottise vous avoir fait commettre cette impolitesse.

99. — Rose ou Lucie obtiendra le premier prix, car elles seules ont eu, pendant l'année tout entière, une application soutenue. La misanthropie ou un chagrin secret l'avoir conduit dans cette solitude. Mon père ou moi nous aller attendre Eugène au pied de la croix des genêts ; c'est là qu'il a été convenu de se donner le doux baiser du retour. Vous ou votre compagne avoir commis cette faute. Les jeux que les enfants aiment le mieux, sont ceux où le corps est en mouvement : ils sont contents, pourvu qu'ils changent souvent de place : un volant ou une boule suffire. Si vous ou votre confrère pouvoir me rendre ce service, je serai bien content. Ton bonheur ou ton malheur dépendre de toi. Il faut que vous ou moi achever cet ouvrage avant la fin du jour. Le bonheur ou la témérité avoir pu faire des héros ; mais la vertu toute seule peut former des grands hommes. C'est de sa part une froideur ou une incivilité qui me peiner beaucoup. Tout le bien ou tout le mal qu'on pourra dire de moi ne m'inquiéter guère : le témoignage de ma conscience me suffit. L'histoire va nous apprendre par quel moyen les rois de la troisième race ont donné à la monarchie une consistance, un éclat, une force qui avoir dû la rendre indestructible.

99. — Une parole, un geste, un coup d'œil même

lui tenir lieu d'une explication tout entière. Le moin
dre bruit, un murmure, un souffle l'épouvanter. A
moment de votre mort, votre élévation, la force d
votre esprit, votre prétendue philosophie, tout vou
abandonner. La simplicité de nos mœurs nous met
l'abri d'une foule de désirs qui tourmentent et consu
ment le riche voluptueux : une cabane, une hutt
nous suffire pour nous mettre à l'abri des injures de
l'air ; du poisson rôti à la flamme, quelques racines
même un peu de cresson apaiser notre faim. Ur
bruit de porte, un murmure confus, le claquement
d'un fouet se traduire en notes dans cette oreille essentiellement musicale. L'envie vous dévore, malheureuse
Louise : une louange donnée à vos compagnes, un
livre, une image exciter en vous une humeur sombre
pour ne pas dire farouche. Quelle détestable passion
vous nourissez dans votre cœur. Les promenades
qu'elle aimait tant, les concerts pieux, les douces et
innocentes réunions des jeunes filles de son âge, la
vue même de ses amies les plus intimes lui déplaire
maintenant ; la jalousie qu'elle n'a pas voulu combattre, la domine au point qu'elle est à présent insupportable aux autres et à elle-même.

99. — Les caresses, les injures, même une terrible
menace n'avoir pu l'ébranler. Rien n'échappe à son
œil observateur : une pierre, une herbe, une feuille
lui fournir le sujet d'une savante dissertation. Il est si
faible depuis cette maladie qu'un léger choc, le moindre coup de vent suffir pour le faire tomber. Jeunesse,
légèreté, grâce, esprit, fraîcheur, tout avoir disparu.
La grandeur, les richesses, les victoires et tout ce
qui exciter les plus violents désirs, n'être pas capable de procurer la paix. Crimes, forfaits de toute
espèce, rien n'arrête l'ambitieux. Grâce à la surveillance active de cette jeune ménagère : les basses-
cours, les bergeries, les granges, les pressoirs, les
celliers, la fruiterie, tout être maintenu dans le plus
grand ordre et dans la plus exquise propreté. Les titres

de noblesse et une immense fortune n'empêcher pas Mlle de Champdelis de descendre dans les petits détails de cette grande et importante maison.

> Lé tombeau du martyr, le rocher, la retraite,
> Où dans un long exil vieillit l'anachorète,
> Tout parler à notre cœur.

L'ordre, l'économie, le travail, un petit commerce et surtout la frugalité, tout avoir contribué à nous assurer l'honnête aisance dont nous jouissons maintenant. Honneurs, biens, richesses, tout disparaître à la mort.

99. — Femmes, moines, vieillards, tout être descendu.

Les hommes qui ont pour patrie un pays âpre et stérile s'y tiennent comme enracinés : vous essaierez en vain d'effacer du cœur d'un Samoïède ou d'un Lapon le souvenir de sa terre natale. Transportez-le dans les régions les plus fortunées : la douceur du climat, la beauté des sites, les plaisirs variés, la somptuosité des appartements, l'élégance et la richesse des habits dont vous l'avez revêtu, la promiscuité des mets les plus exquis, rien ne pouvoir le consoler, ni le distraire. Si vous ne lui rendez pas sa pauvre hutte, ses glaces et ses neiges, il mourra de langueur. Le vin qu'on nous servait, ce beurre exquis, ce maïs doré, ces châtaignes savoureuses, l'huile, la cire, le miel, la laine soyeuse et le beau chanvre que nous filions, tout nous venir de la grande ferme. Une petite monnaie, un morceau de pain valoir mieux qu'un Dieu vous bénisse.

> Sa tendresse pour moi, l'intérêt de sa gloire,
> Sa vertu, tout enfin me défendre de le croire.
> Biens, fortune, intérêt, gloire, sceptre, grandeur,
> Rien ne savoir bannir la vertu de mon cœur.

Quels désirs, quels vœux peux-tu former? Tes champs sont couverts d'épis dorés, tes vignes couronnées de pampres et de raisins, tes arbres chargés de fruits odorants, tes troupeaux nombreux et féconds, la verdure riante de tes prés, ces fontaines pures qui les arrosent et ne tarissent jamais, tout favoriser, tout prévenir tes souhaits.

REMARQUES SUR L'ACCORD DU VERBE AVEC LE SUJET

—

EXERCICE SOIXANTE-DIXIÈME

Dans ces exercices tous les verbes sont à l'infinitif, l'élève les écrira d'après les règles données.

100. — Le prodigue, comme l'avare, abuser de ses biens, et s'en faire de vrais maux. La vérité, comme la lumière, être inaltérable. Le jaguar, ainsi que le conguar, habiter dans les contrées les plus chaudes de l'Amérique méridionale. Le daim, comme le cerf, habiter les forêts de l'Europe : ce joli animal est de mœurs fort douces. De même que la baleine, le cachalot avoir une tête énorme qui fait à elle seule le tiers ou la moitié de la longueur du corps. On pense généralement que c'est dans le corps d'un cachalot que Jonas fut englouti. Chez les anciens, le nom de baleine était un terme générique qui signifiait indifféremment tous les animaux de l'ordre des cétacés dont le cachalot fait partie. Ce mammifère a une gueule si large et si profonde que trois hommes peuvent y entrer de front et pénétrer dans son corps sans difficulté.

> Les hommes bien souvent, ainsi que l'écrevisse,
> Marcher à reculons, tourner le dos au port.

La santé, comme la fortune, retirer ses faveurs à ceux qui en abusent. La cupidité, ainsi que les autres passions, être comme un chariot qui descend une montagne, si vous ne l'enrayez dès le départ, vous ne l'arrêterez pas au milieu de sa course.

100. — Elisée, ainsi qu'Elie, être revêtu d'une grande puissance.

> La nation des belettes,
> Non plus que celle des chats,
> Ne vouloir aucun bien aux rats.

Le reptile, ainsi que l'aigle, parvenir aux sommets les plus hauts et les plus escarpés. C'est ainsi que certains hommes vils et rusés arrivent en rampant à une position très-élevée. Les cousins de nos contrées, ainsi que les moustiques des pays chauds, pomper les fluides des plantes et surtout le sang des animaux et des hommes. Le nautile, de même que l'argonaute, habiter une coquille mince, blanche, diaphane, dont la forme rappelle celle d'une nacelle. Le calmar, ainsi que la seiche, répandre autour de lui, pour troubler l'eau et échapper à ses ennemis, une liqueur noire avec laquelle on fait l'encre employée en peinture sous le nom de sépia. Le corail, ainsi que l'éponge, être classé dans les zoophites, c'est-à-dire parmi les êtres qui tiennent tout à la fois de la nature des plantes et de celles des végétaux. Le talent, comme l'autorité, être donné à l'homme pour le bien de son prochain. L'histoire, ainsi que les sciences naturelles, avoir fait un immense progrès depuis Louis XIII. Vasco de Gama, comme Christophe Colomb, rendre d'immenses services à l'Europe : si celui-ci nous a découvert un monde nouveau, celui-là nous a ouvert les Indes orientales, source d'immenses richesses.

EXERCICE SOIXANTE ET ONZIÈME

101. — La Fontaine fut oublié, ainsi que Corneille : ni l'un ni l'autre n'être courtisans. Jules et Léon sont punis pour huit jours : ni l'un ni l'autre n'avoir voulu obéir. Ni l'or, ni la grandeur ne nous rendre heureux : cette pensée si bien traduite par le poète est l'expression de la plus exacte vérité. Pourquoi donc envier les richesses et la gloire, puisque l'une et l'autre

réunies ne pouvoir soustraire de notre cœur cette foule de chagrins qui l'assiégent ? L'un et l'autre avoir mérité des éloges. A suivre ce grand chef l'un et l'autre s'apprêter. L'un et l'autre à mon sens avoir le cerveau troublé. Fuyez la flatterie et l'intrigue : l'une et l'autre être dangereuses. La mouette et le goéland qui appartenir à la famille des palmipèdes, être si voraces et si cruels que l'un et l'autre avoir été surnommés vautours de mer. L'épreuve du feu et celle de l'eau furent remises en vigueur au dixième siècle : l'une et l'autre de ces coutumes nous prouver la barbarie de l'époque.

EXERCICE SOIXANTE-DOUZIÈME

102. — Ni les voleurs, ni les médisants n'entrer dans le royaume des cieux. Ni l'importance et la multiplicité des affaires, ni l'éclat d'un riche diadème ne détourner saint Louis un seul instant de la voie de la sainteté où Dieu l'avait appelé. Ni les promesses, ni les menaces ne pouvoir vaincre Caton le Censeur, alors âgé de cinq ans. Ce petit enfant était dépositaire d'un secret important ; son oncle, pour se le faire révéler, le suspendit en dehors d'une fenêtre. « Si tu ne veux pas me satisfaire, lui dit-il, je te laisserai tomber. » Caton persista dans son silence comme dans son impassibilité. Celui que l'ambition possède, ne se donne point de repos ; il en est de même de l'avare : ni l'un ni l'autre ne pouvoir jouir de la vie. Ni votre frère, ni mon neveu n'être nommé à cette charge. Je crains bien qu'éloigné de leur douce patrie, l'un ni l'autre jamais n'y pouvoir revenir. Ni Louise, ni Colette n'avoir le premier prix . Ni le fer, ni le feu appliqués aux supplices les plus cruels, n'avoir pu vaincre ni décourager un seul de ces missionnaires intrépides. Imposteur ! ni toi ni ton rival n'être le fils qui me fut enlevé ! Si je n'écoutais que mon indignation, jamais vous ne sortiriez de ce cachot.

102. — Ni le cheval, ni le mulet, quelque robustes

et quelqu'exercés qu'ils soient, ne pouvoir remplacer le chameau. Cet animal est créé tout exprès pour la région des sables : ces membres souples, ses pieds larges lui permettent de marcher avec assurance et rapidité sur ces terrains mouvants ; sa conformation lui permet aussi de passer plusieurs jours sans boire ni manger : nature merveilleusement appropriée à l'aridité des contrées qu'il habite. Ni ma sœur ni mon amie n'être nommé directrice de l'établissement. Ni la violence des tempêtes, ni des pertes déplorables, résultat des naufrages, ne pouvoir déterminer un marin à abandonner la mer. Tous ces faux bruits se sont apaisés d'eux-mêmes, quand, de part et d'autre, on se fut assuré que de ces deux étrangers, ni l'un ni l'autre n'être le coupable qu'on recherchait. Depuis que leur supercherie a été reconnue, ni l'un ni l'autre n'oser lever les yeux. Ni la prospérité ni la fortune ne troubler le cœur du sage. Ni le luxe de la cour d'Astyage, ni le funeste exemple d'efféminés courtisans ne pouvoir amollir les mœurs de Cyrus ; il alla jusqu'à refuser un jour de tremper ses lèvres dans une coupe de vin exquis que lui présentait son grand-père au milieu d'un festin.

EXERCICE SOIXANTE-TREIZIÈME.

103. — Produire et conserver être les actes perpétuels de la puissance divine. Bien écouter et bien retenir être deux moyens infaillibles de s'instruire. Visiter les pauvres malades, instruire les ignorants, lire, écrire et prier, ce être la pure et noble vie que mène Mlle Madeleine depuis dix-huit années. Vieillir, souffrir et mourir, ce être là les plus grands maux de la vie physique. Craindre les dieux, ne point faire de mal, être et se montrer brave, ce être là toute la morale des Gaulois. Voir les choses comme elles sont et les estimer ce qu'elles valent, donner sinon le bonheur, au moins le repos. Tout vouloir entreprendre et ne jamais rien finir, ce être toute la vie de Louisa. S'accoutumer de bonne heure aux exercices pénibles ;

suivre en tout point les lois de la tempérance et de la sobriété, ce être le vrai moyen de conserver la santé morale et physique. Cracher ou se moucher dans l'église être des actes d'irrévérence, à moins cependant qu'il y ait nécessité. Fondre comme des vautours sur notre pauvre voyageur, le dépouiller en un clin d'œil et le laisser demi-mort, ce être de la part de messieurs les bandits une action toute simple et toute naturelle.

103. — Bénir ceux qui nous maudissent, faire du bien à ceux qui ne cherchent qu'à nous faire du mal, être des actes qui coûtent beaucoup à la nature humaine : mais qui nous mériteront au ciel une couronne de gloire. Avoir des pensées pures, nobles et saintes, savoir les exprimer avec force et vérité, ce être rien faire si nos œuvres démentent nos paroles. Compatir aux erreurs des hommes, être indulgent pour leurs faiblesses, ce être là les devoirs de chacun de nous. Combattre les mouvements déréglés qui surviennent à l'âme et mépriser les suggestions du démon, ce être la marque d'une grande vertu et d'un grand mérite. Vivre chez soi, ne régler que soi et sa famille ; être simple, juste et modeste ; être des vertus que le monde considère comme pénibles parce qu'elles sont obscures ; mais qui sont d'un grand mérite devant Dieu. Mépriser le pauvre et se moquer des infortunés que la nature a disgraciés, ce être attirer sur soi la colère de Dieu. Manger, boire et dormir, ce être l'occupation des bêtes : ce être celle aussi de bien des hommes. Se défier de soi-même et se confier en Dieu seul, ce être le fait d'un cœur pur et d'un esprit droit.

> Se couvrir de bijoux, d'ornements précieux,
> Au milieu de ce deuil, apparaître joyeux.....
> Ce être attirer sur vous la vengeance des cieux.

104. — Le bien ou le patrimoine que je possède, ce être les bons exemples que m'ont laissés mes parents. Ce qui met le plus d'obstacles à notre repos, ce

être la foule des vains désirs qui assiégent notre cœur. Ce qui contribue à rendre certains hommes bien méprisables, ce être lorsque l'ignorance et la sottise s'unissent chez eux à la vanité. Les deux jeunes filles les plus exemplaires du hameau, ce être Jeanne et Louise; leur respect pour leur vieille mère, les tendres soins qu'elles lui prodiguent, leur douceur constante et leur empressement à rendre service à tout le monde, les a rendues l'objet de l'estime générale. Ce être nos réfugiés français qui donnèrent une partie de notre commerce et de notre industrie à la Prusse et à la Hollande. Ce être l'intrépidité et le courage des femmes de Beauvais qui sauvèrent la ville. Les hommes allaient être forcés à se rendre, lorsque les soldats féminins, Jeanne Hachette en tête, vinrent à leur secours; armées de pierres, de feux grégeois et de plomb fondu, elles repoussèrent les assaillants qui furent complètement vaincus. Ce être les Chaldéens qui se livrèrent les premiers à l'étude des astres.

> Ce ne être qu'harmonie et concerts infinis ;
> Tous les oiseaux chantaient sur le bord de leurs nids.

Sous le règne de Louis XI la féodalité reçut un rude échec : si le peuple jouissait d'une certaine sécurité, ce ne être pour les nobles que tyrannie et cruauté. Nos vrais biens sont ceux de la nature : ce être le ciel, ce être la terre, ce être ces campagnes, ces plaines, ces forêts dont elle nous offre la jouissance utile, inépuisable.

104. — Quoi ! ce être vous que je revois après vingt ans d'absence? On dit vulgairement : le temps passe; ce être faux : ce être nous qui passons. Ce être nous, ô prince ! qui sommes les étrangers qu'on a cherché à vous rendre odieux. Ce être les Phéniciens qui ont inventé l'écriture. Ce être les bonnes mœurs et non les atours qui parent les femmes. Ce être vous deux, mes chers enfants, qui êtes ma seule consolation. Ce être vous et moi qui sommes compromis dans cette

fâcheuse affaire. La première nourriture des perdreaux, ce être les œufs de fourmis, les petits insectes qu'ils trouvent sur la terre et les herbes. Nous croyons que tout change quand ce être nous qui changeons. Oui, ce être vous que j'appelle. Ce être la pluie et la chaleur qui fécondent la terre. L'aliment de l'homme ce être la vérité et la justice. Ce être les Chinois qui ont les premiers trouvé l'invention de la poudre à canon ; mais cette découverte ne nous fut point communiquée par ce peuple anticosmopolite. Un moine anglais, Roger Bacon, donna à l'Europe cette puissance meurtrière. Ce ne être point vous que je veux punir, ce être elles. Ce ne être pas lui qui a enlevé ces petits à leur mère, ce être Jacques et François ; j'avais cependant bien défendu que l'on touchât à ces pauvres petits nids. Ce ne être toujours pour moi que tristesse et solitude. Ce être les Egyptiens qui ont possédé les premières notions des arts et des sciences. Ce est souvent l'orgueil et l'ambition de certains hommes qui précipitent dans la plus affreuse misère une quantité de familles.

EXERCICE SOIXANTE-QUATORZIÈME.

105. — Une foule d'hommes marcher dans la voie de la perdition parce qu'elle est large et commode, les malheureux ! bientôt ils tomberont dans le gouffre de l'enfer. La peste sévissait avec tant de fureur qu'une foule d'hommes succomber dans un instant. Une foule de femmes ameutées contre la malheureuse victime encombrer la place. Le nombre prodigieux des végétaux jetés comme au hasard dans les prairies et dans les forêts, nous présenter un spectacle très-agréable. L'infinité des perfections de Dieu m'accable. Une colonie de Phocéens fugitifs, formée d'un grand nombre de citoyens illustres, abordèrent sur ce rivage vers l'an 600 avant Jésus-Christ, et fondèrent la ville de Massalie qui depuis prit le nom de Marseille. Un groupe de roses ajouté à ce bouquet le rendre encore plus gra-

cieux. Une myriade d'étoiles briller dans l'azur transparent du ciel et le croissant argenté de la lune répandait un vague de lumière sur un groupe d'arbres jeté là comme une île au milieu de cette solitude. Une foule d'hommes composée d'hypocrites, de démagogues et de superstitieux, s'acharner à la perte de Socrate. Une société d'hommes corrompus préparer le malheur d'une foule de générations. La quantité de Perses qui périr dans le combat de Salamine être vraiment déplorable.

106. — La plupart des montagnards écossais languir dans une affreuse misère pendant la saison rigoureuse. Une partie de nos provisions avoir été pillé pendant la nuit par les indigènes. Dans les régions humides du Pérou, une quantité innombrable de fourmis détruire presque toutes les récoltes. Une compagnie de quarante hommes être envoyée à la découverte des bandits ; on en aperçut deux qui fuyaient dans le lointain et qui disparurent dans les gorges profondes de ces montagnes. Sur un banc de mousse qui nous servit tout à la fois de table et de nappe, les deux négresses déposèrent une corbeille de fruits variés au milieu desquels être un régime de bananes que nous trouvâmes délicieuses. L'immensité des eaux qui environner ce globe avoir quelque chose d'incompréhensible. Lorsque le vent glacé du pôle souffle avec intensité sur l'Islande, les récoltes sont perdues ; les moutons, qui sont la ressource du pays, périssent faute de nourriture, et une foule d'hommes être réduits à la plus affreuse misère. La plupart des hommes admirer la vertu sans se mettre en peine de la pratiquer. Une nuée de bombes détruire en un instant cette ville superbe. Une quantité innombrable d'oiseaux arriver en Égypte pour dévorer les myriades d'insectes qui peupler le limon que le Nil a déposé. La pluralité des voix être en votre faveur. Un amas de cailloux lui servir tout à la fois de linceul et de tombe. La seconde moitié de nos troupes être en réserve.

7.

107, 108. — La foule des curieux qui couvrir la place être bientôt dissiper à l'arrivée des commissaires. La quantité de madrépores qui être agglomer sur les rivages de l'Océan Pacifique être prodigieuse. Peu d'hommes parvenir à un âge avancé; déjà du temps de Salomon, la moyenne de la durée de la vie était de trente ou quarante années. Beaucoup de jeunes filles se perdre faute de principes religieux. La plupart des productions littéraires de notre époque renfermer des principes corrupteurs. Une somme de six cents francs être ajoutée à celle que nous avions recueillie; par ce moyen, nous pûmes procurer quelques douceurs à nos pauvres vieillards. Le petit troupeau de moutons qui paître sur la colline, venir de tomber dans une fondrière. La plupart de ceux qui partir pour la Californie, trouver la misère et la mort à la place de l'or qu'ils espéraient recueillir. Beaucoup de gens qui se plaindre de la fortune, n'oser avouer qu'ils sont eux-mêmes les instruments de leurs malheurs. Un grand nombre d'hommes croire qu'il est un ciel; mais peu se mettre en peine d'y parvenir. Combien de riches s'imaginent être charitables quand ils ont donné un peu de leur superflu. Assez de gens croire avoir beaucoup fait pour le ciel, quand ils n'ont point fait de mal; qu'ils lisent donc dans l'Evangile le sort de l'arbre improductif.

107, 108. — Une poignée d'hommes défaire l'armée de Xercès. Une troupe de bandits sortir tout-à-coup de ce bois sombre et nous fûmes tous mis à rançon. Une nuée de cousins couvrir ces marais lorsque vient le soir. Une foule de petites filles vêtues de blanc et couronnées de roses, offrir un gracieux tableau. Une assemblée composée des députés des trois ordres de la nation, ouvrir sa première séance le 5 mai 1789. Il n'en résulte rien d'heureux, au contraire, le mécontentement n'en devient que plus général. Une armée de 11,000 Grecs lutter contre 110,000 Perses et gagner la célèbre victoire de Marathon. Un demi-bataillon de quatre cents soldats être complété. **Ma collection de papillons** être dévorer par les mites. Une foule de citoyens ruinés remplir les rues de Stokholm et venir tous les jours à la porte du palais pousser des cris inutiles. Une partie de ses économies être employer pour les pauvres. Une nuée de barbares couvrir l'Occident. Une touffe de giroflées avoir cru au pied de sa croix solitaire. Une multitude de flambeaux être allumé à l'entrée du souterrain, et nous commençâmes notre excursion. Un amas de statues brisées gésir là depuis dix-huit siècles parmi les ronces et les acanthes.

EXERCICE SOIXANTE-QUINZIÈME

L'élève fera accorder selon la règle les verbes qui sont à l'infinitif, et elle soulignera l'antécédent du pronom relatif.

109. — Il pleut : cette pluie qui reverdir prés et bois tombe sur la terre qui te recouvrir et dissoudre tes restes ; mais ton âme rajeunie par le souffle de Dieu, jouit peut-être déjà du bonheur éternel. C'est votre orgueil et votre emportement qui causer tous vos malheurs. On entendit tout-à-coup un grand bruit comme d'un vent impétueux qui venir du ciel et qui remplir toute la maison où ils étaient assis. Il parut en même temps comme des langues de feu qui se partager et qui s'arrêter sur chacun d'eux. Toi qui blâmer tant les autres, prends garde à toi. O vous qui chérir le faste et les honneurs ! demandez à ce roi qui gésir dans la poussière, ce que valent, hélas ! tous les biens de la terre. L'économie est la chose qui avoir le plus contribué à ma fortune. Celui qui haïr le travail, sera toujours malheureux, quelque fortuné qu'il soit. Le caméléon, qui habiter les contrées les plus chaudes de l'Amérique, de l'Afrique et de l'Asie, est un lézard d'assez grande espèce, mais timide, incapable de nuire. Lorsque cet animal est agité par la colère ou la crainte, sa peau transparente laisse apercevoir le sang au travers. C'est ce changement de coloration qui avoir fait du caméléon le symbole de la versatilité des hommes.

L'eider, qui être très commun en Islande, fournit ce duvet léger, connu sous le nom d'édredon. Le requin, qui être si redouté des pêcheurs et des matelots, atteint quelquefois jusqu'à dix mètres de longueur.

109. — On dit que c'est toi qui faire naître
Les petits oiseaux dans les champs,
Et qui donner aux petits enfants
Une âme aussi pour te connaître.

Lauriers, sacrés rameaux qu'on veut réduire en poudre,
Vous qui mettre sa tête à couvert de la foudre,
L'abandonnerez-vous à l'infâme couteau
Qui faire choir les méchants sous la main du bourreau ?

Est-ce toi, qui depuis ta naissance, avoir commandé à l'étoile du matin et avoir montré à l'aurore le lieu de son lever ? Est-ce toi qui tenir dans tes mains les deux bouts de la terre ? Est-ce toi qui les secouer et en faire tomber les impies ?

Comment es-tu tombé du ciel, astre du jour, qui briller au matin comme l'aurore ? Comment es-tu renversé sur la terre, toi qui écraser les nations ? Toi qui dire dans ton cœur : Je monterai jusqu'aux cieux ; j'établirai mon trône par-dessus les astres de Dieu...... je serai semblable au Très-Haut ? Et cependant tu es traîné dans l'enfer au fond des abîmes. Ceux qui te voir s'inclineront vers toi, et s'écrieront : Est-ce là cet homme qui troubler la terre, qui ébranler les empires, qui faire du monde un désert, qui détruire les villes, qui jamais n'ouvrir à ses captifs la porte de ses cachots ? Tous les rois des nations se sont endormis dans leur gloire ; tous ont leur tombeau ; mais toi, chassé de ton sépulcre comme une racine inutile et souillée, confondu dans la foule de ceux qui avoir péri par le glaive et qui être descendus dans les derniers abîmes du lac, tu n'es qu'un cadavre hideux, etc.

COMPLÉMENTS DES VERBES

EXERCICE SOIXANTE-SEIZIÈME

L'élève soulignera le verbe et tous les mots formant le complément direct du verbe.

110. — Ce fut un horrible spectacle pour un cœur tel que le sien de voir ce vaisseau immense brûler en pleine mer, la lueur de l'embrasement réfléchie au loin sur les flots, tant d'infortunés errants ou furieux. Une seule journée avait enlevé au royaume de Jérusalem son chef et ses défenseurs les plus intrépides. Il ne dit à Magdeleine que ce mot : « Marie, » et elle ne lui répond que cet autre mot : « Maître, » c'était tout dire. Il appelle sa créature par son nom, et elle est déjà revenue à lui. Ce mot ineffable est tout-puissant : il fait un cœur nouveau et un nouvel esprit au fond des entrailles. Les hommes faibles et qui ne voient que les dehors, veulent des préparatifs, des actes arrangés, des résolutions exprimées.

Parmi les principales espèces de fruits, nous distinguons la capsule, la silique, la gousse, le fruit à noyau, le fruit à pepins, la baie et le cône. Le chien forme un genre particulier, dans lequel on comprend le chien proprement dit, le loup et le renard. Ces animaux ont la vue excellente, l'ouïe et l'odorat très-subtils. La classe des reptiles comprend les tortues, les lézards, les serpents et les grenouilles. Parmi ces quatre ordres, mentionnons aujourd'hui celui des lézards qui comprend le crocodile, le lézard proprement dit, l'iguane, le dragon, le basilic et le caméléon. Parmi les arachnides microscopiques, on distingue l'acarus qui se loge dans la peau de l'homme et y détermine la galle ; le lepte qui s'insinue sous notre peau et produit de vives démangeaisons ; le ciron qui s'attache aux chairs putréfiées ; l'ixode qui tourmente par ses vives piqûres les chiens, les bœufs et les autres

animaux domestiques. Parmi les rapaces nocturnes
nous remarquerons le hibou, le grand-duc, la chouett
et le chat-huant.

110. — Les rapaces diurnes sont les oiseaux d
proie qui volent durant le jour : ce genre comprent
les vautours, les griffons, les faucons et les aigles. Au
dessous de l'aigle on remarque en Europe l'autour, l
milan, l'épervier, la buse. L'autruche se nourrit ordinairement de graines et d'herbes ; mais sa voracit
lui fait quelquefois avaler des cailloux et des morceau
de fer. Les palmipèdes ou oiseaux nageurs ont le
pattes terminées par une large nageoire. Parmi les palmipèdes de l'Europe, on remarque le cygne, l'oie, l
canard, la sarcelle et le plongeon. J'entends les rugis-
sements des mers irrités, et les ouragans impétueux.

> Je ne reverrai plus ces riantes campagnes,
> Le temple, le hameau, les champs de Vaucouleurs,
> Et ma chaumière, et mes compagnes,
> Et mon père expirant sous le poids des douleurs.

Les Perses ne donnaient pas comme les Grecs des
formes humaines à leurs dieux ; ils ne leur érigeaient
ni statues, ni temples, ni autels.

EXERCICE SOIXANTE-DIX-SEPTIÈME

L'élève retranchera le complément indirect qui formerait un
pléonasme vicieux.

111. — C'est au ministre lui-même à qui il faut vous
adresser. C'est à vous, chère Louise, à qui s'adressent
ces paroles. C'est en Dieu seul en qui j'ai placé ma confiance. C'est sur lui sur qui repose tout le poids des
affaires. C'est à Francklin qu'est due l'invention du
paratonnerre (1757). C'est pour vous pour qui je travaille à la sueur de mon front. C'est du sein de la
terre que l'homme tire les métaux précieux. Après
Dieu, c'est à vous à qui je dois mon bonheur. Quoi,
c'est dans ces lieux sauvages où vous avez fixé votre

demeure. C'est ici où il faut s'arrêter. C'est à mon rang, c'est à ma fortune à quoi vous rendez hommage, et non à moi-même; l'esprit de flatterie vous porte à m'attribuer une foule de qualités que vous n'auriez garde de reconnaître, si je n'étais qu'un simple particulier. Lorsqu'on est parvenu sur la plate-forme de Fourvières, on domine un horizon immense. Quelques touristes prétendent que ce panorama est plus beau que celui du Bosphore de Thrace. Lorsqu'on dit la vierge d'Orléans ou l'héroïne de Vaucouleurs, c'est de Jeanne d'Arc de qui l'on parle. C'est à vous, mon frère, à qui je recommande particulièrement ce jeune homme. C'est dans l'intérieur de sa maison où une bonne mère de famille aime à passer sa vie; c'est là où ses fils et ses filles acquièrent les vertus religieuses et morales qui les rendront un jour l'exemple de la société. Si vous voulez acquérir le sentiment du beau en archéologie et en peinture, c'est à Rome où il vous faut aller.

EXERCICE SOIXANTE-DIX-HUITIÈME

L'élève ajoutera au verbe en italique celui qui est entre parenthèse.

112. — C'est un vieillard qui *a semé* ces belles fleurs (cultiver). L'héliotrope *aime* la lumière (rechercher). Nous devons *aimer* nos parents (respecter). Sénèque qui *a élevé* Néron n'a pu modifier cette détestable nature : la philosophie païenne ne pouvait pas convertir les hommes (instruire). L'orfèvre fond l'or et l'argent (façonner). C'est par ces soins que ces belles grappes *sont recueillies* (conserver). Cet horloger genevois *a fabriqué* pour son compte toutes les jolies montres qu'on lui a commandées de France (vendre). Nous *avons écouté* cet excellent discours (retenir). Nous nous *aidons* mutuellement (protéger). Il *quitta* la cuirasse et la haire (reprendre). Il s'en allait criant comme un insensé : *j'ai cherché* la pierre philosophale (trouver)! Le ministre de l'instruction publique *a approuvé* cette méthode (autoriser). Mille petits ruisseaux *arrosent* cette riante vallée (fertiliser). La force *fond* son empire (étendre, maintenir). Dieu *fonde* à son gré les empires (détruire). Le soleil *féconde* la terre (embellir). Dieu m'*a consolé* au jour de l'affliction (fortifier). Nous *avons visité* ces pauvres orphelins (secourir). Le missionnaire qui a prêché la station du carême *a converti* cette famille anglaise que nous avions hier (baptiser).

> Heureux le sage roi qui connaît sa faiblesse
> Et qui, laissant fléchir sa douce autorité,
> *Cherche.....* la vérité (accueillir, encourager, entendre).

C'est lui qui *a conçu*, mais non pas achevé ce superbe édifice (entreprendre). Cette digne élève a toujours *aimé* ses maîtresses (estimer). Nous l'avons *salué*, et il n'a pas eu l'air de se souvenir de nous (aborder).

EXERCICE SOIXANTE-DIX-NEUVIÈME

L'élève donnera à chaque verbe le complément qui lui convient.

112. — Lorsque notre petite caravane se fut reposée quelques heures, elle se remit en marche ; mais à peine avions-nous fait sept kilomètres dans le désert que nous nous vîmes tout-à-coup entourés d'une troupe de nomades qui se jetèrent et enlevèrent nos provisions avec une dextérité incroyable. Celui qui espère et prie Dieu, n'en sera jamais abandonné. Nous avons été témoins et nous avons été vivement peinés de cet accident. Le roi quitta et ne revint plus à Versailles. Les Normands murmurèrent et menacèrent Thomas Becket. J'ai reçu et ne me suis pas vengé de cette injure. Semblable à un mauvais ange, il lui a conseillé et l'a entraîné au mal. Il fréquenta pendant quelque temps et s'éloigna ensuite les cercles littéraires pour se livrer exclusivement à l'étude de la botanique. Jenny apprend et réussit parfaitement au dessin. J'étudie et je m'applique à la littérature. J'ai vu et je vous tiendrai

compte de votre bonne volonté. Nous avons visité et contemplé ces ruines imposantes : les souvenirs de douze siècles se représentèrent à mon imagination avec une vivacité telle que je croyais assister à tous les évènements qui se sont passés dans ce château. Louis a trouvé et s'est amusé de mon fusil, sans songer qu'il pouvait lui arriver un malheur. Dans un seul jour la ville fut attaquée et prise par l'ennemi. La religion nous apprend à obéir et à respecter les puissances. Si vous voulez faire des progrès dans les vertus chrétiennes, lisez et méditez souvent la passion de Notre-Seigneur.

EXERCICE QUATRE-VINGTIÈME

L'élève donnera à chaque complément la préposition qui lui convient.

113. — Le maréchal de Bourmont assiégea et s'empara d'Alger le 5 juillet 1830. La plupart de ceux qui vont ne reviennent pas du combat. Une foule de touristes sont entrés et ne sont pas revenus de ce dédale profond et sinueux. Charles-Quint, dégoûté des grandeurs humaines, se retira dans un couvent de l'Estramadure pour méditer et se préparer à l'éternité. Cependant, au milieu même du tumulte des armes, Henri IV pensait et se préparait à rentrer dans le sein de l'Eglise. Ce navire va et revient de Naples en six jours. Ce petit négrillon grimpe et redescend des arbres les plus élevés avec une adresse et une agilité prodigieuses. Pendant la nuit, plusieurs renards rôdent et pénètrent même dans notre poulailler malgré nos précautions. Tour à tour on m'a encouragé et on m'a détourné de ce travail. Le petit Philippe sera inconstant s'il ne se corrige pas : car il s'attache et se détache promptement de quelqu'un, sans que nous ayons jamais pu découvrir un motif à ces deux actes si opposés.

DE LA PLACE DES COMPLÉMENTS

—

EXERCICE QUATRE - VINGT - UNIÈME

L'élève consultera la règle pour la place des compléments.

114. — On ne trouve point dans les champs, dans les lieux découverts l'écureuil, mais dans le fond des bois. L'homme ambitieux préfère à une heureuse médiocrité les richesses. Le malheur ajoute à la gloire des grands hommes un nouveau lustre. Les vrais sages ont presque tous préféré au faste qui règne dans les palais des grands une existence modeste. L'aveugle volupté sacrifie au présent l'avenir. Si l'on avait toujours dit aux souverains la vérité, quel service on leur aurait rendu ! Donnez tout le temps nécessaire à l'étude. Il faut signaler à la vindicte publique ce traître odieux. Apportez l'attention la plus minutieuse à ce travail. Saint Louis rendait la justice à tous ceux qui venaient lui soumettre leurs défférends sous son chêne privilégié. Laissons ses coupables plaisirs au monde. Ornez par l'étude des sciences utiles votre esprit ; ornez de toutes les vertus qui font l'homme de bien votre cœur. Si le Seigneur n'avait montré aux hommes le magnifique spectacle des astres et des cieux qu'une fois, l'impie serait moins coupable ; mais ce grand spectacle s'offre depuis l'origine du monde à nos yeux.

114. — Une foule d'ouvriers extrayaient la pierre des carrières nécessaire à la construction du temple de Jérusalem ; trente mille hommes dans les montagne du Liban coupaient les cèdres. Ces enfants portent tous les jours au petit oratoire que nous avons fait construire au fond du bois, des guirlandes de roses. Réparez par des soins assidus, et par une obéissance qui ne se démente jamais, votre faute. Lorsqu'on demande la cause de ces bruits continuels, qu'on entend pendant certaine nuit, aux Indiens, ils répondent en souriant que les animaux témoignent leur joie par des cris lorsqu'il fait un beau clair de lune. On enterra à Aix-la-Chapelle Charlemagne où son magnifique tombeau se voit encore. Pépin envoya à Astolfe, roi des Lombards, des ambassadeurs pour l'engager à ne point porter ses prétentions sur la ville de Rome. On appelle dans les animaux les facultés plus ou moins développées dont ils sont doués, instinct.

EXERCICE QUATRE-VINGT-DEUXIÈME

L'élève détruira les amphibologies.

115. — Réparez vos forces épuisées par un long repos. Réchauffez ces membres glacés dans un bain tiède. Apaisez son humeur irritée par une douceur constante. Comblez le déficit que vous avez occasionné par une rigoureuse et constante économie. Ramenez cette brebis qui s'est perdue au bercail. Guérissez les blessures que vous avez faites à votre âme par une sincère et fervente confession. Prévenez cet esprit mécontent par toutes sortes de soins. Relisez ce chapitre que vous avez oublié avec beaucoup de recueillement. J'ai fait cadeau des coussins à ma sœur que Louise a brodés. Réparez la faute que vous avez commise par des soins assidus et par une obéissance qui ne se démente jamais. Raccomodez ce cachemire si malheureusement déchiré avec délicatesse et attention. Calmez votre âme inquiétée et agitée par de pieuses méditations. Les touristes écrivent tout ce qu'ils voient sur leurs albums. J'ai trouvé plusieurs notes dans vos manuscrits qui sont illisibles. Réparez le tort que vous lui avez fait avec générosité. Soutenez vos résolutions ébranlées par la force de la volonté. Expédiez-moi une tête de veau blanchie et cinq carpes éventrées par le convoi de deux heures. Faites-moi parvenir une sache de pommes tapées par le vieux Bastien. Vous apaiserez vos consciences bourrelées par la pénitence. Vous recommencerez ce devoir mal écrit avec beaucoup de soin. On m'a envoyé des mar-

rons glacés par ma sœur. Relisez cette leçon oubliée avec une grande attention. Consolez votre père affligé par mille prévenances délicates. Vous m'enverrez un Boileau revu et corrigé par la laitière.

EXERCICE QUATRE-VINGT-TROISIÈME

L'élève corrigera les compléments défectueux.

116 — Cette enfant ne se plaît qu'au jeu ou à courir ; à son âge on doit s'appliquer déjà au travail et à étudier : je vous préviens de ce défaut afin que vous m'aidiez en l'en corriger. La religion nous apprend à obéir aux puissances et le respect envers nos maîtres, à souffrir nos égaux et l'affabilité envers nos inférieurs. Newton a passé sa vie à l'étude et à expliquer les lois de la nature. Nous passions des heures entières à écouter le bruit des vagues, et à la contemplation de l'immensité des flots ; d'autres fois, lorsque la mer était basse, nous nous amusions à cueillir des plantes marines ou à la recherche des plus jolis coquillages. Il a essayé toutes sortes de métiers et à commencer ; aussi la misère où il se trouve justifie-t-elle ce vieil adage : « pierre qui roule, n'amasse pas mousse. » Il faut vous appliquer à corriger vos défauts et à l'acquisition de bonnes qualités. Ce jeune homme aime la retraite et à étudier. Ne passez pas votre temps en désirs et à ne rien effectuer. On l'a exhorté à la résignation et à prendre une prompte détermination.

EMPLOI DES AUXILIAIRES

EXERCICE QUATRE-VINGT-QUATRIÈME

Dans cet exercice et dans les deux suivants, les verbes qui sont à l'infinitif doivent être mis à des temps composés ; l'élève leur donnera l'auxiliaire convenable.

117 — Cette jeune fille admirer de tout le monde, tandis que sa sœur se fait remarquer par la légèreté

de sa conduite et par le peu de soin qu'elle prend de sa pauvre mère. Cet arbre déraciner par l'orage affreux qu'il faire cette nuit. Je frapperai le pasteur et le troupeau disperser. Les hommes passent comme des fleurs qui s'épanouissent le matin, et qui le soir flétrir et foulées aux pieds. Franklin mettre avec raison sur la liste des hommes les plus célèbres. Une mère qui sage et expérimenter, conseille à sa fille de ne point fréquenter le monde.

> Les arbres cacher sous l'onde ;
> Nous sommes les maîtres du monde :
> C'est le déluge universel.

Jamais je ne suis plus heureuse que lorsque je entourer de toute ma famille. Je consoler dans mon malheur par les témoignages de la plus vive sympathie. Nous accueillir avec empressement. Le vertueux Aristide bannir d'Athènes. Les vieillards, les femmes, les enfants déposer par l'ordre de Thémistocle dans l'île de Salamine ; les hommes en état de combattre restèrent seuls sur les vaisseaux réunis dans le détroit. Athènes, heureusement déserte, incendier par les Perses.

117. — Comme l'aquilon et la froidure déshériter ces champs et ces coteaux ! comme ils flétrir ces jardins naguère si riants ! Les frères de Joseph conduire leurs troupeaux dans la vallée de Sichem. Ils y établir depuis quelques jours. Des moutons renfermer en sûreté dans leur parc. Je prendre une vingtaine des plus grosses fèves, j'en ouvrir deux ou trois, et je remarquer qu'elles composer en dedans de deux parties qu'on appeler lobes. Dieu destiner l'homme au travail. L'histoire quand elle bien enseigner, devient une école de morale pour tous les hommes. Clovis arrêter le carnage et soumis le peuple, rentra en paix dans son royaume, et raconta à la reine comment il obtenir la victoire en invoquant le nom de Jésus-Christ. On plonger dans les divertissements à Saint-Germain, lors-

qu'au cœur de l'hiver, au mois de janvier 1668, on étonner de voir des troupes marcher de tous côtés, aller et revenir sur les chemins de la Champagne, dans les trois évêchés. Nous cueillir toutes les groseilles. Nous aller trop tard au bois, toutes les fraises cueillir. Nous donner un concert pour les pauvres. Ces roses faner. Ces champs admirablement cultiver.

EXERCICE QUATRE-VINGT-CINQUIÈME

119. — Lorsqu'un enfant chinois naître avec quelque infirmité, il est jeté à la voirie. Les missionnaires et les religieuses en sauvent heureusement une grande partie. Lorsque François Ier arriver avec ses troupes au pied du mont Genèvre, des obstacles qu'on pourrait nommer insurmontables ne firent qu'exciter la bouillante valeur de l'armée et de son chef. On se fraya un passage avec le fer et le feu à travers les rochers et les glaces. Nous aller visiter la sainte chapelle ; je n'essaierai pas de vous dire les pieuses et délicieuses émotions que nous y éprouver. Ce vieillard décéder cette nuit. Lorsque le célèbre Saussure parvenir après une peine inouïe sur le sommet du Mont-Blanc, un spectacle magnifique et inconnu jusqu'alors s'offrit à ses regards. Ce silence lugubre tout-à-coup interrompre par ce cri plus lugubre encore : Le roi est mort ! les échos de la basilique se redirent cette plainte lamentable, et toute l'assemblée fondit en larmes. Il tomber ce géant des montagnes : ses immenses rameaux qui protégeaient contre l'orage et la chaleur du jour, déjà diviser par la hache du bûcheron.

119. — Ce jeune pâtre qui nous égayait par ses chants, et qui nous racontait de si jolies légendes, hélas ! nous ne l'entendrons plus ! il tomber hier soir dans le précipice des hautes roches d'où nul jamais revenir. Il sans doute glisser sur quelque pente abrupte en voulant poursuivre un chamois. Que devenir cette superbe cité dont les nombreux navires sillonnaient les mers lointaines ? Ces débris épars qui

gisent dans la poussière nous racontent sa triste destinée. Lorsque le premier homme revenir de ce profond assoupissement où Dieu l'avait plongé, il poussa un cri de joie en voyant une créature semblable à lui. Jésus naître dans la pauvreté pour donner une leçon aux riches et aux pauvres. Ces trois mots de César : « Je venir, je voir, je vaincre, » expriment avec quelle effrayante rapidité il subjuguait les nations.

EXERCICE QUATRE-VINGT-SIXIÈME

De 120 à 126. — L'ivraie croître en abondance dans ce champ naguère si bien cultivé. Nos troupes monter à l'assaut avec une intrépidité prodigieuse. Nous descendre en toute hâte. Nous descendre le malade au rez-de-chaussée afin qu'il fût plus à la portée de nos soins, mais une heure après, il expirer. Mon bail expirer le 5 du mois prochain. Les malheurs vieillir cette femme longtemps avant qu'on pût dire elle vieillir par l'âge. Les oiseaux cesser leurs chants. Cette habitation me convenir à cause de sa proximité du bourg. Nous demeurer sans ressource. Nous demeurer trois mois à Constantinople. Je convenir avec lui de donner, en plus, pour l'entretien du jardin aux fleurs, une somme de deux cents francs. Je échapper à ses questions indiscrètes par des réponses évasives. Cet esclave se échapper. Cette parole me échapper, je ne sais comment. Nous rester stupéfaits à la vue d'une action si lâche. Ce matin je monter à ma chambrette après cinq mois d'absence : quel changement : des roses blanches et des jasmins de Virginie tapissent ma fenêtre ; à travers ce gracieux rideau, j'aperçois les voiles blanches des barques des pêcheurs ; mais les voilà qui s'agitent sous le vent qui se lève ; je suis inquiète : mes frères descendre dans la chaloupe pour aller visiter un îlot ; le vent augmente. Mon Dieu, s'il arrivait un malheur !

DE L'EMPLOI DES TEMPS DE L'INDICATIF ET DU CONDITIONNEL

—

EXERCICE QUATRE-VINGT-SEPTIÈME

L'élève rectifiera les phrases qui ne seraient pas selon la règle donnée.

127. — Au milieu de la nuit, les Grecs, Léonidas à leur tête, sortant du défilé, s'avancent à pas redoublés dans la plaine, renversèrent les postes avancés, et pénétrèrent dans la tente de Xercès qui prend la fuite. Ils entrèrent dans les tentes voisines, se répandent dans le camp et se rassasièrent de carnage. La terreur qu'ils inspirent se reproduisit à chaque instant avec des circonstances plus effrayantes. Des bruits sourds, des cris affreux, annoncent que les troupes d'Hydarnès sont détruites, que toute l'armée le sera bientôt par les forces réunies de la Grèce. Les plus courageux des Perses ne pouvant entendre la voix de leurs généraux, ne sachant où porter leurs pas, où diriger leur course, se jetaient dans la mêlée et périssent par la main les uns des autres. Lorsque les premiers rayons du soleil offrirent à leurs yeux le petit nombre des vainqueurs, ils se forment aussitôt et attaquèrent les Grecs de toutes parts. Léonidas tombe sous une grêle de traits : l'honneur d'enlever son corps a engagé un combat terrible entre ses compagnons et les troupes les plus aguerries de l'armée persane. Deux frères de Xercès, quantité de Perses, plusieurs Spartiates, y perdirent la vie. A la fin, les Grecs, quoique épuisés et affaiblis par leurs pertes, enlevèrent leur général, repoussent quatre fois l'ennemi dans sa retraite, et après avoir gagné le défilé, franchirent le retranchement et vont se poster sur la petite colline qui est près d'Antella. Ils s'y défendirent encore quelque temps, et contre les troupes qui les sui-

vaient, et contre celles qu'Hydarnès amena de l'autre côté du détroit.

127. — Les préposés de l'arène, armés d'une longue pique, obéissent à la volonté du peuple, et du bout de leur fer aigu, excitent le gladiateur. Mais à peine a-t-il ressenti les atteintes de leurs lances, qu'il se lève avec un cri terrible auquel répondait, en mugissant d'effroi, toutes les bêtes enfermées dans les cavernes de l'amphithéâtre. Saisissant aussitôt une des lances qui avaient ensanglanté sa peau, il l'arrache d'un seul effort à la main qui la tenait, la brisa en deux portions, jette l'une à la tête de l'intendant qu'il renverse : et gardant celle qui est garnie de fer, il est allé lui-même avec cette arme au-devant de son sauvage ennemi. Dès qu'il se fut levé et que le regard des spectateurs peut mesurer sur le sable l'ombre que projetait sa taille colossale, un murmure d'étonnement circula dans toute l'assemblée, et plus d'une femme le montrant au doigt avec une sorte d'orgueil, le nommait par son nom, et a raconté tous ses exploits du cirque et ses violences dans les séditions.

EXERCICE QUATRE-VINGT-HUITIÈME

L'élève rétablira les vers en mettant les verbes au temps convenable.

127. — Un effroyable cri sorti du sein des flots,
De l'air, en ce moment, troubla le repos,
Et du sein de la terre, une voix formidable
Répond en gémissant à ce cri redoutable.
Jusqu'au fond de nos cœurs notre sang se glace ;
Des coursiers attentifs le crin s'est hérissé.
Cependant sur le dos de la plaine liquide,
S'élevait à gros bouillons une montagne humide :
L'onde approcha, se brise et vomit à nos yeux,
Parmi des flots d'écume, un monstre furieux.
Son front large était armé de cornes menaçantes ;
Tout son corps est couvert d'écailles jaunissantes ;
Indomptable taureau, dragon impétueux,
Sa croupe se recourbe en replis tortueux ;

Ses longs mugissements ont fait trembler le rivage,
Le ciel avec horreur voit ce monstre sauvage ;
La terre s'en émouvait, l'air en est infecté,
Le flot qui l'apporta recule épouvanté.
Tout fuyait, et sans s'armer d'un courage inutile,
Dans le temple voisin chacun cherche un asile.

EXERCICE QUATRE-VINGT-NEUVIÈME

Dans ces exercices l'élève mettra au temps convenable le verbe
qui est à l'infinitif.

128. — J'ai été averti de la mauvaise grâce avec laquelle vous recevoir tout le monde ; quelle injustice de faire supporter aux autres nos ennuis ou les caprices d'une humeur noire. Hier on est venu me dire que les chenilles dévorer nos arbres fruitiers. On m'a assuré que cette jeune fille être douée d'un caractère fort doux. Ici les amandiers bourgeonnent ; mon lilas de la terrasse est tout couvert de boutons, et quelqu'un m'a assuré que ta grande Babylone être couverte de neige. Que je suis contente d'avoir quitté Paris ! Hier, les hirondelles sont venues me dire à ma fenêtre que les beaux jours revenir ; quelle joie ! Nous irons bientôt cueillir l'églantine et le bouton d'or. Jean est monté pour me dire que la goëlette paraître à l'horizon ; quel bonheur, ma sœur sera bientôt avec moi ; comme je vais la serrer, cette chère petite ! On m'a assuré qu'elle être très-grande pour son âge et qu'elle parler divinement l'espagnol. Mon fils, je ne me console des mécomptes que vous éprouver depuis longtemps que par l'espérance du fruit que Dieu vous fera retirer de cette épreuve.

D'argent point de caché ; mais le père fut sage
De leur montrer avant sa mort
Que le travail être un trésor.

128. — Des voyageurs dignes de foi ont raconté qu'il exister par-delà les glaces du pôle une terre privilégiée toute couverte de riantes prairies et couronnée par des forêts immenses. Ils nous ont assuré que

les longues nuits qui régner dans ces latitudes être éclairées non-seulement par des aurores boréales, mais encore par des météores extraordinaires qui donner à cette région un aspect féerique.

De tout temps, les peuples, même les moins civilisés, ont reconnu qu'il être un Dieu, principe éternel de toutes les créatures. On m'a assuré qu'il exister en Angleterre un if vieux comme le monde, et dont les rameaux couvrir tout un cimetière de leur ombre. Ptolémée enseignait aux Egyptiens que la terre être le centre du monde : Copernic est venu renverser ce système en nous démontrant que la terre n'être qu'un satellite du soleil. On disait autrefois comme aujourd'hui, que le bonheur n'habiter pas le palais des rois.

On a dit avec raison qu'il ne falloir jamais juger les gens sur la mine. La loi naturelle enseigne qu'en ce monde il se falloir l'un l'autre secourir. Madame, on m'a dit que vous me demander. J'ai toujours cru que Dieu être infiniment bon. Il m'a toujours été dit que le chrétien ne devoir jamais se décourager, quelles que soient ses afflictions.

EXERCICE QUATRE-VINGT-DIXIÈME

Comme le précédent.

129. — L'an dernier, à pareille époque, nous faire une charmante excursion dans les bois qui couronnent la colline des Druides : nous en rapporter des fleurs charmantes et deux nids de bouvreuils; la journée être sereine et joyeuse; hélas! on ne pensait pas que la mort allait frapper deux d'entre nous.

Hier nous passer notre journée tout entière à visiter les ruines environnantes: nous ne voir rien de remarquable ni de bien conservé qu'une tour gothique qui renferme encore quelques meubles du temps. Quand Jésus-Christ expirer, il annoncer du haut de la croix à l'Univers sauvé ce grand et éternel accomplissement de la loi éternelle : Tout est consommé !

EXERCICE QUATRE-VINGT-ONZIÈME

L'élève remplacera l'infinitif par le passé défini ou indéfini.

129. — A mon réveil je entendre le rossignol et je me réjouir ; je regarde ce premier chant comme le prélude de toutes les harmonies qui vont se faire entendre dans les champs et dans les bois.

> Je voir mes tristes journées
> Décliner vers leur penchant.

Le Seigneur paraître comme un guerrier ; son nom est celui qui est. Il jeter dans la mer les chariots de Pharaon et de son armée : l'élite de ses généraux être submergée dans la mer Rouge.

> Je fuir ce pénible sommeil
> Qu'aucun songe heureux n'accompagne,
> Je devancer sur la montagne
> Les premiers rayons du soleil.

Ce fut sous François Ier qu'on trouver l'art de tricoter les bas. Hier on apporter à ma sœur un magnifique cactus. Ce matin un vaisseau périr à quelques kilomètres du port. Le 30 mai 1431, Jeanne monter dans la charrette du bourreau : frère Martin l'Advenu, son confesseur, et frère Isambert, qui avaient plus d'une fois réclamé justice dans le procès, étaient près d'elle. Arrivée à la place du supplice, Jeanne demander la croix, un Anglais en faire une de deux bâtons et la lui donner. Elle la prendre dévotement et la baiser ; mais elle désirer avoir celle de la paroisse ; on aller la quérir, et elle la serrer étroitement contre son cœur en continuant ses prières. Cette année, je voir au Havre des échantillons de toutes les races d'hommes qui vivent sous le ciel. Ce siècle produire beaucoup de romans essentiellement corrupteurs. L'année dernière nous avoir une magnifique récolte de maïs. Le mois dernier nous essuyer une affreuse tempête.

EXERCICE QUATRE-VINGT-DOUZIÈME

Tous les verbes sont à l'infinitif, l'élève les mettra au temps convenable. (Ce devoir servira de récapitulation.)

130. — Joachim, grand pontife, venir de Jérusalem à Béthulie avec tous les anciens pour voir Judith. Le Seigneur abaisser les cieux et il descendre, et sous ses pieds être les ténèbres, et il monter sur les Chérubins et il se envoler. Ce matin nous aller faire une longue course dans la campagne.

> Compère le renard se mettre un jour en frais,
> Et retenir à dîner commère la cigogne.
> Ce régal être petit et sans beaucoup d'apprêts.

La dernière vague qui me saisir, faillir me devenir fatale, car elle me lancer contre un rocher avec tant de force que je demeurer privé de sentiment et tout à fait hors d'état de m'aider moi-même. Le coup porter sur la poitrine et un peu sur le flanc, me couper la respiration, et si je être frappé une seconde fois, je périr suffoqué sous les flots. Mais avant le retour de la vague, je commencer à respirer, et pour éviter de reprendre, je me cramponner au rocher et tâcher de retenir mon souffle. Hier, en traverser le bois, nous découvrir une pierre tumulaire qui dater de huit siècles. Une forme de casque qui se dessiner encore, nous faire conjecturer que ce être le tombeau de quelque paladin. Cliton n'avoir jamais en toute sa vie que deux affaires, qui être de dîner le matin et de souper le soir. Vous étendre votre main, et la terre les dévorer ; vous conduire par votre miséricorde le peuple que vous racheter, et que vous faire arriver par votre puissance jusqu'au lieu de votre demeure sainte. Plus je voir l'étranger, plus je aimer ma patrie. Etre ce toi qui depuis ta naissance commander à l'étoile du matin, et montrer à l'aurore le lieu de son lever? L'année dernière nous éprouver une perte douloureuse qui venir encore augmenter notre tristesse. Nous espérer dans le Seigneur, et notre espoir ne nous avois point trompés. On vous donner tout ce que vour demander.

EXERCICE QUATRE-VINGT-TREIZIÈME

L'élève mettra aux temps convenables les verbes à l'infinitif.

131. — Lorsque nous livrer notre barque au caprice des flots, nous voir l'azur du ciel se voiler, des bandes rougeâtres nous annoncer bientôt que nous aller éprouver une rude secousse. Dès que l'enfant sevrer et qu'il devenir assez grand pour l'accompagner, ils remonter tous à Silo, emportant avec eux trois veaux, trois mesures de froment et une amphore de vin. Quand ils offrir leur sacrifice, Anne présenta son enfant à Hélie, et lui dit : Mon Seigneur, comme il est vrai que vous vivez, je suis cette femme que vous avez vue ici il y a quelques années, prosternée et priant le Seigneur. Je lui demandais cet enfant qu'il m'a accordé ; c'est pourquoi je viens le lui consacrer aujourd'hui, etc. Lorsque nous apaiser notre faim, nous songeâmes au moyen de passer notre nuit à l'abri des bêtes sauvages. Quand les missionnaires du Paraguay se attacher quelques Indiens, ils eurent recours à un autre moyen pour gagner les âmes. Lorsque Marie-Antoinette traverser le Pont-au-Change et les quartiers tumultueux de Paris, le silence et la contenance sérieuse de la foule indiquèrent une autre région du peuple. Quand le bouffon Triboulet apprendre l'arrivée de Charles-Quint à Paris, il écrivit sur ses tablettes : l'empereur est plus fou que moi de venir ici. Dès que la Sybille commencer ses cérémonies cabalistiques, Samuel apparut menaçant. Aussitôt que les enfants de Clodomir arriver au palais de leur oncle, on se saisit d'eux pour les faire mourir.

132. — Les riches remplir les hôtelleries, il n'y avait plus pour Jésus qu'une étable abandonnée. Je entendre dire de saint Antoine, qu'il convertir par une lecture de l'Evangile, au milieu de laquelle il survenir par hasard, prenant pour lui les paroles qu'on lisait et que voici : « Va, vends tout ce que tu posssèdes, donne-le au pauvres et tu auras un trésor dans les cieux. » Ce qu'on craindre arriva, les câbles de l'avant du vaisseau se rompirent, et comme il ne plus retenir que par une seule ansière, il jeter sur les rochers à une demi-encâblure du rivage. Roland exténuer d'un si grand combat et du nombre des Sarrasins qu'il immoler seul, il affliger de la mort de ses chrétiens et gravement blessé des grands coups que les Sarrasins lui donner. Tout disposer lorsqu'il entra. Nous déjà finir notre travail lorsque le vôtre à peine commencer. Nous espérer que vous viendriez. Le festin préparer, déjà les convives recevoir l'avertissement de se rendre à la salle lorsque arriva tout-à-coup ce triste événement. Je asseoir à l'ombre d'un bel arbre ; des fruits d'une couleur vermeille descendaient en forme de grappe à la portée de la main : je les touchai légèrement, aussitôt ils se séparèrent de la branche. Une foule d'ambitieux essayer vainement de dénouer ce nœud mystérieux : Alexandre le coupa avec son épée, et, persuadant à ses soldats que l'oracle accomplir, ils volèrent de victoire en victoire.

EXERCICE QUATRE-VINGT-QUATORZIÈME

L'élève remplacera les verbes à l'infinitif par le conditionnel ou le futur.

133. — Il y avoir plaisir à être dans un vaisseau battu de l'orage, si l'on était assuré qu'il ne périr pas. On croyait généralement que l'an mil voir la fin du monde. Orphée obtint de Pluton qu'Eurydice retourner parmi les vivants. Jésus-Christ a dit qu'il donner son paradis à tous ceux qui exercer la charité en son nom, et qu'au contraire il condamner à l'enfer tous ceux qui refuser ou négliger de secourir les pauvres. Quelques savants nous ont assuré que si le monde existe encore dans trente mille ans, notre France être ensevelic sous les eaux de la mer. Votre père a promis qu'il vous mener à Paris aussitôt après les prix. Il espérait que nous répondre tous à son appel. Il croyait que tout être oublié. Le bon Henri IV avait un pressentiment de la triste mort qui l'attendait. Mon ami, dit-il un jour à Sully, on m'a dit que je devais être tué à la première grande magnificence que je faire. Nous espérions qu'il avoir un meilleur sort. Les Romains dégénérés, plongés dans la mollesse, ne croyaient pas que leur ville éternelle bientôt assaillir par un déluge de barbares. On nous avait promis que vous venir passer quelques jours avec nous. On m'a dit que cette jeune personne travailler pour les pauvres si on voulait lui fournir de l'ouvrage.

DE L'EMPLOI DU SUBJONCTIF

EXERCICE QUATRE-VINGT-QUINZIÈME

L'élève choisira entre les deux expressions écrites en italique.

135. — Je souhaite que vous *soyez serez* heureux.
Mon fils que Dieu vous *protége !*
Que personne dans ta demeure
N'*obscurcit, obscurcisse* ses vêtements ;
Qu'on *accueille* ta dernière heure
Ainsi que tes premiers moments.
Que les fronts *y soient, sont* sans nuage,
Que rien n'y *révéle* un tombeau

Les devoirs de la société exigent que l'on *a, ait* quelques ménagements pour l'amour-propre des hommes.

Obéis si tu veux qu'on t'*obéît, obéisse* un jour.
Prends garde que jamais l'astre qui nous éclaire,
Ne te *voie, voit* en ces lieux mettre un pied téméraire.
Je voudrais que le ciel *fût, fut* tout tendu de noir,
Et qu'un bois de cyprès *vînt, vint* à couvrir la terre ;
Que le jour ne *fût, fut* plus qu'un soir.

Je tremble que ce secret *soit, est* découvert. Lorsque vous ferez l'aumône que votre main gauche ne *sait, sache* point ce que fait votre droite. Que celui d'entre vous qui est sans péché, lui *jette* la première pierre.

Majestueuses forêts, paisibles solitudes, qui plus d'une fois avez calmé mes passions, *puissent, peuvent* les cris de la guerre ne troubler jamais vos résonnantes clairières.

135, 136. — Je n'ose pas affirmer que Léonce *soit, est* devenu votre ennemi. Je présume que tout *va, aille* pour le mieux. Mais pensez-vous que bientôt de cet asile il *faille, faudra* s'éloigner? Avez-vous pu croire que votre mère ne s'*inquiète, inquiéterait* plus de vous?

Il n'a pas le droit de se plaindre de ce que vous ne lui *avez, ayez* pas répondu. Quand je vous ai fait appeler auprès de moi, j'étais loin de penser que vous me *seriez, soyez* complètement inutile. Il était nécessaire que le Christ *souffrit, souffrît* et qu'il *entrât, entra* ainsi dans sa gloire. Il faut que tout *cède* à son empire. Il faut que vous vous *prépariez, préparez* à partir. Il ne convient pas qu'un prince *soit, est* élevé dans la mollesse et l'oisiveté. Il importe que vous *êtes, soyez* initié dans cette affaire. Il est urgent que dans une circonstance aussi malheureuse tout le monde se *prémunisse, prémunit*. Il est à craindre que sa prospérité s'*évanouisse, s'évanouit*. Il serait à désirer que vous *eussiez, eûtes* autant de prudence que votre mère. Il est évident que vous *êtes, soyez* un paresseux. Il est incontestable que l'impiété et la sottise *sont, soient* sœurs. Il est certain que nous *jouirons, jouissions* d'un bonheur éternel si nous pratiquons l'Évangile. Il est démontré qu'il *existe* dans la nature une multitude innombrable d'êtres vivants dont le volume est un milliard de fois plus petit qu'un grain de sable.

137. — Le présent est le seul bien dont l'homme *soit, est* vraiment le maître. La religion est la seule

barrière qui *puisse, peut* empêcher à l'homme de commettre le mal, lorsqu'il est agité par de mauvaises passions et qu'il est sans témoins. Rome était une ville sans commerce et presque sans art, le pillage était le seul moyen que les particuliers *eurent, eussent* pour s'enrichir. Réfugiez-vous dans le sein de la miséricorde divine : c'est le seul asile où votre âme triste et troublée *puisse, peut* retrouver le calme et la joie. L'homme est le seul être qui *sache, sait* qu'il doit mourir. Je suis le seul passager qui *a, ait* échappé à la mort. Thalès est le premier des Grecs qui *a, ait* enseigné que l'âme est immortelle. C'est ainsi que du sein de l'idolâtrie Dieu suscitait de temps en temps quelques sages pour préparer les hommes et les amener comme par degré à la grande lumière de la vérité. Néron est le premier empereur qui *ait, a* persécuté les chrétiens. Le moins que vous *puissiez, pouvez* faire, c'est de reconnaître vos torts. Le plus bel usage que vous *puissiez, pouvez* faire de votre raison, c'est de la soumettre à Dieu.

137. — Le plus beau voyage que je *puisse, peux* entreprendre, ne me procurera certainement pas tant de plaisir que celui que j'ai fait hier sur un espace d'un pouce carré. Vous me regardez avec de grands yeux, vous vous dites : Le peu de raison qui lui *reste* est sans doute en voyage. — Non, et pour preuve, prenez ce microscope, examinez ce petit morceau de pain moisi. — Voilà la plus grande merveille que j'*ai, aie* jamais vue : j'aperçois une épaisse forêt d'arbres fruitiers, j'en distingue les branches, les feuilles et les fruits. De tous ces enfants, c'est le plus jeune qui *est, soit* le plus sage. Je cherche quelqu'un qui *puisse, peut* me rendre service. Avez-vous trouvé quelqu'un qui *est, soit* plus malheureux que moi ? J'inventerai un jeu qui *puisse, peut* vous récréer. Je m'ensevelirai dans une solitude où je *sois, serai* entièrement oublié. Je cherche une plante qui, dit-on, *soit, est* antiscorbutique. Je veux me procurer un domestique

qui *fera, fasse* mieux son service que vous. Je me procurerai une femme de chambre qui *sache, saura* mieux coudre et mieux broder et qui *aie, aura* surtout plus de prévenance que vous. Vous voulez vous créer un asile où l'ennui ne *puisse, pourra* vous trouver, erreur ! Je veux me réunir à une famille qui *vive, vit* dans la paix et dans l'union ; vos discussions et vos procès me font souffrir ; je ne peux pas vivre plus longtemps au milieu de vous.

138, 139. — J'ai donné mes ordres afin que tout *soit, sera* prêt pour votre départ. Ce général a pris ses mesures afin que la ville n'*ait, aura* rien à souffrir pendant le siége, quelque prolongé qu'il *sera, soit.* Vous resterez avec nous ; vos peines seront nos peines ; vos joies seront nos joies ; vous ne nous quitterez jamais, à moins que vous n'*êtes, soyez* pas contente. Mettez la maison dans un ordre parfait ; que tout *est, soit* disposé avant qu'il arrive. Je serai au milieu de vous avant que l'on *ait, aura* commencé les moissons. Quelques bonnes œuvres que vous *faites, fassiez* vous n'en serez point récompensé, si Dieu n'en est pas le principe. L'amour-propre vit et règne absolument en nous, à moins que Dieu n'*a, ait* détruit son empire en versant son amour dans nos cœurs. Quelque malheureux que vous *êtes, soyez* ne désespérez jamais de la devine Providence. L'araignée tend ses filets de telle sorte que l'insecte qui s'y *laisse* prendre ne *puisse, peut* se dégager. Il s'est conduit de façon que tout le monde le *fuit, fuie.*

DE L'EMPLOI DES TEMPS DU SUBJONCTIF

—

EXERCICE QUATRE-VINGT-SEIZIÈME

L'élève remplacera l'infinitif par le présent ou le passé du subjonctif.

140. — Il faut que tu quitter les lieux qui t'ont vu naître ; il faut que tu aller affronter les périls de la

guerre. Je ne crois pas que cette personne être aussi méchante qu'on le dit. Dieu veut que l'homme porter en haut ses regards et son cœur. Un homme sage doit rien hasarder qui pouvoir compromettre son honneur. Je crains qu'il ne pouvoir résister à l'ardeur du climat. Il n'y a rien qui rafraîchir le sang comme une bonne action. Le sceptre ne sortira point de Juda..... jusqu'à ce que venir celui qui doit être envoyé. Tout voleurs et tout guerroyeurs que être les Arabes, ils exercent envers les étrangers le devoir sacré de l'hospitalité. Je crains qu'il ne se laisser emporter par la colère. Il semble que vous prendre plaisir à faire des sottises. L'unique trésor que l'homme pouvoir emporter avec lui dans la tombe, c'est le bien qu'il a fait. N'est-il pas ridicule qu'un enfant se croire plus sensé qu'un vieillard ? J'ai peur qu'il faire une triste fin.

140. — Votre père ne voudra pas que vous l'accompagner jusqu'à Stockolm ; la saison est déjà trop rigoureuse. Je ne peux comprendre que l'on pouvoir tomber dans une pareille erreur. Que cette belle nature être pour vous une source d'inspiration ; les cœurs purs savent lire le nom de Dieu sur la feuille légère, sur la plus petite fleur : le brin d'herbe, si vous l'interrogez, vous dira que Dieu pour le créer a déployé autant de puissance que pour le brillant soleil. Riches insoucieux, c'est l'hiver ! vous oubliez devant ce feu qui pétille que le pauvre tremble de froid et de besoin devant son foyer vide. Prenez garde que la mort ne venir vous surprendre et que pour vous ne commencer ce terrible hiver, cette extrême et éternelle désolation qui sera le partage des égoïstes. Je doute que vous réussir dans cette affaire si personne ne vous avait aidé. Le soleil ne se couche jamais sans que je faire la paix avec mon adversaire. Est-il étonnant qu'il perdre toute sa fortune ? vous savez bien qu'il jouait gros jeu tous les jours. Rien ne me prouve jusqu'à présent que vous mener une vie exempte de reproche.

EXERCICE QUATRE-VINGT-DIX-SEPTIÈME

L'élève remplacera l'infinitif par l'imparfait ou le plus-que-parfait du subjonctif.

141. — Il est probable que vous remporter le prix si vous ne vous fussiez pas abandonné au découragement. Je ne puis me résoudre à croire que l'on vous laisser sans secours si votre triste situation avait été connue. Si je me permets ces observations, ce n'est pas que je mieux faire que vous : Boileau a dit avec raison : La critique est aisée et l'art est difficile. Je ne croirais jamais qu'on vous abandonner si vous ne pas montrer de l'ingratitude. Viendra-t-on me dire encore que vous ne jamais avoir de tristesse ni d'ennui si vous rester dans votre pays? Hélas! il n'est aucun endroit sur la terre où l'on pouvoir vivre en parfaite sécurité. Je doute que vous finir au temps marqué si l'on ne vous eût aidé. Il y a plus de quarante ans que je fais de la prose sans que j'en savoir rien! Je ne crois pas que vous me juger sans m'entendre et que vous me juger si sévèrement.

> Il n'est espoir de bien, ni raison, ni maxime,
> Qui pouvoir en ta faveur m'arracher une rime.

EXERCICE QUATRE-VINGT-DIX-HUITIÈME

L'élève remplacera l'infinitif par l'imparfait ou le plus-que-parfait du subjonctif, ou par le présent lorsqu'il y aura exception.

142. — Sous le règne de Pépin-le-Bref, l'ignorance était si profonde, que les moines étaient presque les seuls qui savoir lire et écrire. Sully voulait faire aimer à chacun l'héritage de ses pères : il voulait surtout que le laboureur concevoir un noble orgueil de sa profession et préférer l'honneur de régner sur les campagnes à la honte de vendre sa misère dans les villes.

Quels que être les regrets de la foule, quelques légitimes motifs qu'on avoir de déplorer la mort de Raphaël, nul n'en ressentit un si violent chagrin que Léon X. En parcourant ces salles désertes qu'un rayon de jour éclairait à peine, il nous semblait entendre de longs gémissements ; notre imagination frappée nous faisait appréhender quelque apparition. Léonie craignait qu'un preux chevalier ne se lever tout-à-coup de son cercueil de pierre pour nous punir de notre curiosité. Plût à Dieu qu'il y avoir quelque chose qui régler les rangs parmi nous et qui fixer les gens dans les places qui leur sont naturellement convenables. — Moi, je vous répondrai : S'il n'avait pas plu à l'homme d'enfreindre la loi de Dieu, une harmonie absolue régnerait dans le monde moral comme dans le monde physique, par conséquent tout serait à sa place.

142. — Cette digne mère consacrait la plus grande partie de son temps à l'éducation de ses filles ; elle tenait essentiellement à ce qu'elle avoir toutes les qualités qui doivent faire l'ornement des femmes chrétiennes. J'ai désiré que tout le monde être content. Je prenais tous les moyens possibles pour que personne ne souffrir des saillies de son humeur fâcheuse. Le pécheur mourant voudrait que les années qu'il a si mal employées lui être rendues afin de recommencer une vie nouvelle. Parmentier aurait voulu que le roi, comme on le rapporte des empereurs de la Chine, tracer le premier sillon de son champ. Booz ordonna à ses moissonneurs de laisser tomber des épis, afin que Ruth pouvoir les ramasser sans honte. Les connaissances humaines n'ont été acquises que par degrés : il n'aurait pas été naturel que ces matelots phéniciens qui virent les sables du rivage de la Bétique se transformer au feu en un verre transparent, pressentir aussitôt que cette matière nouvelle pourrait prolonger pour les vieillards les jouissances de la vue. Lycurgue avait défendu l'usage de l'or et de l'argent,

et pour inspirer aux Spartiates le dégoût des richesses, il alla jusqu'à ordonner qu'on ne se servir que de monnaie de plomb.

142, 143. — J'ai attendu que vous avoir fini. Je voulais qu'on faire une promenade sur mer parce que le temps était magnifique. J'ai sondé le terrain afin que vous pouvoir agir avec plus d'assurance. Je voudrais que vous vous être appliqué toute l'année. Je voudrais que l'on vous apprendre à tenir un ménage, cela vous servirait un peu plus aujourd'hui que de savoir exécuter tous les pas de danse. Dieu nous a donné le libre arbitre afin que nous avoir le mérite de nos bonnes actions. Nous avons fait porter dans votre cabine quelques bouteilles de vin de Chypre, du biscuit tout frais, des langues de Hambourg, du bœuf fumé et des fruits secs, afin que vous n'avoir pas à souffrir pendant la traversée. Nous l'avons averti afin qu'il ne être pas trompé par l'espèce de comédie que ces fourbes veulent jouer. Nous l'avons invité au festin de famille, bien qu'il ne pas mériter cette faveur. Nous l'avons prié de venir afin qu'il voir par lui-même la malheureuse situation où cet accident vous a réduit. Nous avons fermé la porte du bois, de peur que Jules y aller. On a défendu aux domestiques de porter de la lumière au grenier, dans la crainte que le feu prendre.

DE L'EMPLOI DE L'INFINITIF

—

EXERCICE QUATRE-VINGT-DIX-NEUVIÈME

L'élève indiquera à quels mots se rapportent les verbes à l'infinitif.

147. — Dieu nous a donné l'esprit pour le connaître, le cœur pour l'aimer, la volonté pour que nous

puissions nous diriger vers lui librement, et acquérir en même temps une somme de mérites. Cet Océan qui semble être mis au milieu des terres pour en être l'éternelle séparation, est au contraire le rendez-vous de tous les peuples. J'ai trop d'ennuis pour participer à vos fêtes. Nous avons employé tous les moyens pour le faire changer de résolution. Je sens de jour en jour dépérir mon génie. Nous sommes réunis ici pour lui dire adieu. Etes-vous ici pour me trahir ?

> Pour mieux cacher ton jeu ,
> N'est-il pas à propos que je te rosse un peu ?

Alexandre ne vécut pas assez longtemps pour achever toutes les conquêtes qu'il avait projetées. Il a fait venir son neveu chez lui pour qu'il lui tînt compagnie.

> Qu'ai-je fait, pour qu'on vienne accabler en ces lieux
> Un héros sur qui seul j'ai pu tourner les yeux.

EXERCICE CENTIÈME

L'élève remplacera les modes personnels par l'infinitif chaque fois que l'harmonie le demandera.

148. — Il vaut mieux que l'on souffre, que si l'on meurt : c'est la devise des hommes. Quand on pardonne à son ennemi, on fait un acte généreux ; quand on lui fait du bien en raison de ce qu'il nous a fait du mal, on pousse la vertu jusqu'à l'héroïsme.

> Pourquoi, plaintive Philomèle,
> Songez-vous encore à vos malheurs ,
> Quand pour que vos douleurs soient apaisées,
> Chacun cherche un moyen pour que son zèle vous soit marqué !
> Loin de vous l'aquilon fougueux
> Souffle sa piquante froidure ;
> La terre reprend sa verdure ;
> Le ciel brille des plus beaux feux.

Vos raisons sont trop bonnes d'elles-mêmes sans que vous les appuyiez de ces secours étrangers. Dieu t'a fait pour que tu l'aimes et non pour que tu le comprennes. Le blaireau a les jambes trop courtes pour qu'il puisse bien courir.

Quand on admire la religion et qu'on ne la pratique pas, c'est la plus grande des inconséquences.

> Quand on compte sur dix ans de vie,
> C'est folie.

Tout ce qu'elle s'imaginait qu'elle tenait, lui échappait tout-à-coup.

Quand on mange pour vivre, on agit par raison : quand on vit pour manger, on agit comme la brute. Il crut qu'il pouvait rompre avec tout le monde : mais sa misanthropie ne dura que huit mois : au bout de ce terme, il fut tout heureux et tout aise de se retrouver au milieu de ses amis.

EXERCICE CENT UNIÈME

L'élève remplacera le tiret par une préposition, lorsqu'elle le croira nécessaire.

149, 150. — Cet aimable enfant aime mieux — être puni que de faire le moindre rapport contre ses condisciples. Cet arbuste aime mieux — être en serre qu'en pleine terre. On s'imagine — avoir quelque jour le temps de penser à la mort : et sur cette fausse assurance, on passe sa vie sans y penser. Je compte — vous emmener avec moi à Notre-Dame-de-Lorette. Daignerez-vous — nous répondre ? Deux horribles naufrages contraignirent les Romains — abandonner l'empire de la mer aux Carthaginois.

> Vos généreuses mains s'empressent — effacer
> Les larmes que le ciel me condamne — verser.

Il ne peut pas — sentir qu'on le loue. Vous pensez — tout savoir? pauvre ignorant! Les tyrans croient — faire grâce aux malheureux quand ils n'achèvent pas — les opprimer. Celui qui croit — pouvoir se passer de tout le monde est un présomptueux. Celui qui ne sait pas — trouver dans les harmonies de la création des preuves sensibles de la bonté et de la puissance divines, n'a certainement pas une âme élevée. Pourriez-vous — me dire à quelle famille appartiennent les plantes dont les fleurs fermées pendant le jour s'épanouissent le soir? — A la famille des nyctaginées. Dieu laisse croître l'ivraie avec le bon grain jusqu'au temps de la moisson. Entendez-vous — rouler dans le lointain des chars rapides?

CHAPITRE VII

Du Participe présent.

EXERCICE CENT DEUXIÈME

L'élève remplacera les points par la terminaison *ant* bien orthographiée.

151, 152, 153. — Pour moi, j'arrivai dans des déserts affreux : on y voit des sables brûl... au milieu des plaines, des neiges qui ne fond... jamais entretiennent sur le sommet des montagnes un hiver perpétuel. Tout-à-coup des nuages livides enveloppent le ciel, les vents furieux se déchaînent et les flots mugiss... se soulèvent comme s'ils voulaient engloutir la terre. Les trois voyageurs paliss... voyaient à la clarté de la foudre passer le lion, le tigre, le lynx, le léopard trembl... comme eux. Les peuples err... ont reçu le nom de nomades qui signifient *qui fait paître.*

> Seule, err... à pas lents sur l'aride rivage,
> La corneille enrouée appelle aussi l'orage.

Si l'eau était plus raréfiée, elle ne pourrait soutenir ces prodigieux édifices flott... qu'on nomme vaisseaux. Dieu pourvoit aux besoins sans cesse renaiss... de ses créatures animées. La surface de la mer était hérissée de monstres bondiss... On les a jugés intrig... et ambitieux parce qu'ils sont parvenus à une position élevée ; non, ce n'est pas en intrigu... ; ils se sont élevés d'eux-mêmes par leurs propres mérites. Ces hommes sont là-bas jur..., maugré..., il ne faut pas qu'on les fasse attendre davantage.

151-153. Songe aux cris des vainqueurs, songe aux cris des mour...,
Dans la flamme étouffés, sous le fer expir...

Tu foules une terre fum... toujours du sang des malheureux mortels. C'est là qu'on voit errer les troupeaux qui mugissent, les brebis qui bêlent avec leurs tendres agneaux bondiss... sur l'herbe. Vous verrez la paix renaiss... par degrés dans son âme abattue. Dans les tristes régions des pôles, on voit les hivers agit... leurs glaçons, s'élancer des cavernes du Nord, entour... d'âpres frimas et de brouillards impurs les plaines attristées.

> Ces ennemis des vers
> Qui hérissés d'algèbre, et bouffis de problèmes,
> Au monde épouvanté, parlent par théorèmes
> Observ..., calcul.. , mais ne sent .. jamais.

> Le laurier, le jasmin s'arrondiss... en voûtes,
> De leur ombre odor..., embellissaient les routes.

Je vous vois, Messieurs, ne vous en déplaise, dans le grand chemin justement que tenait Panurge pour se ruiner, pren... argent d'avance, achet... cher, vend... à bon marché et mange... son blé en herbe.

> L'arbre de ces vergers dont les rameaux féconds
> Courbent leurs fruits pend... sur l'ombre des gazons.

Voyez ces ria... vergers remplis d'arbres qui plient sous le poids de leurs fruits pend... jusqu'à terre. Ces terribles montagnards se précipit... comme des avalanches sur nos riches plaines, détruisirent en quelques jours nos joies et nos espérances. Partout on trouve l'Angleterre assise sur des rochers ou placée dans des îles inaccessibles ; partout en sûreté pour elle, menaç... pour les autres. J'ai toujours vu ceux qui voyageaient dans de bonnes voitures, bien douces, rêveurs, tristes grond... ou souffr.... Ramp... sous Marius, esclaves sous Pompée, les Romains tombèrent bientôt dans l'avilissement. Des nuées de papillons voltige... dans ces bosquets de roses formaient un coup d'œil enchanteur. Nous contemplions avec plaisir ces vallons où erraient les bœufs mugiss... : ces prairies dont les gazons fleuris forment des tapis d'une exquise beauté. (*Voir à la première partie les exercices sur le participe présent*).

CHAPITRE VIII

Du Participe passé.

DES PARTICIPES *excepté, vu, passé, certifié*, etc.
EMPLOYÉS SANS AUXILIAIRE.

EXERCICE CENT TROISIÈME

Dans tous les exercices sur le participe passé, les participes sont
au masculin singulier; l'élève corrigera.

156. — Le Seigneur irrité déclara qu'excepté Caleb
et Josué, nul Hébreu ayant atteint sa vingtième année
à la sortie d'Egypte, n'entrerait dans la terre promise.
Vu les peines et les fatigues qu'on vous a fait endurer,
par rapport à nous, vous n'allez plus avoir aucun
souci ; on vous assure mille francs de rente et la jouissance du pavillon et du jardin, l'allée d'orangers seule,
excepté, attendu qu'elle est louée. Passé cette semaine,
il n'y aura plus de longues promenades : la saison
commence à devenir froide et pluvieuse. Je déplore
les années passé hors du bercail du bon Pasteur. Certifié sincères, les actes ci-inclu. Cette copie certifié
conforme, renferme une erreur. Vu la gravité de l'ac-
cusation, l'affaire a été portée à un autre tribunal.
Excepté les femmes et les enfants tout fut passé au
fil de l'épée. Tout est grand dans le temple de la faveur, excepté les portes qui sont si basses qu'il faut
y entrer en rampant. Vu de loin, Constantinople offre
un tableau enchanteur. Les merveilles naturelles certifié par Pline l'Ancien, ne sont pas toutes véritables.
Les vacances excepté, nous résidons à Paris afin d'y
surveiller notre jeune étudiant. Deux ans passé au

pays natal m'ont retrempé totalement. Passé ces deux jours, je ne recevrai plus personne ; mes occupations me forcent à me séquestrer pendant deux grands mois. Non, certainement, je ne croirai point à la vérité d'une histoire certifié par un menteur tel que vous. Ces sites vu, peut-être pour la centième fois, nous paraissent aussi beaux que le premier jour. Des hommes vu du haut de la grande pyramide ressemblent à des fourmis. (*Voir dans la première partie les exercices sur les participes passés employés sans auxiliaire ou avec l'auxiliaire être ou avec l'auxiliaire avoir*).

PARTICIPE PASSÉ DES VERBES NEUTRES CONJUGUÉS AVEC L'AUXILIAIRE *avoir*

—

EXERCICE CENT QUATRIÈME

L'élève soulignera les participes des verbes neutres.

159. — Les dangers que nous avons couru pendant nos longues pérégrinations nous ont singulièrement aguerri. Les années qu'il a vécu dans l'insouciance et l'oisiveté ne pourront être remplacées : vous le savez, le temps est insaisissable. Les trois jours qu'il a tant travaillé lui ont valu une jolie récompense. Toutes les heures que vous avez dormi, je les ai passées à étudier. Les dix ans que j'ai langui sur la terre étrangère m'ont rendu méconnaissable. Tous les jours que j'ai gémi, pleuré, soupiré, étiez-vous là ? Hélas ! vous m'avez laissé seul avec ma douleur. Pendant les trois jours que la tempête a duré nous avons lutté contre la mort. Pendant les longs mois que la famine a duré, la toute petite provision d'huile et de farine que possédait la veuve de Sarepta, quand Élie lui demanda l'hospitalité, ne diminua point. Les trois mois que vous avez soupé chez eux, ne vous seront pas comptés.

Je voudrais, bonne mère, effacer de ma vie
Les jours que j'ai vécu sans vous avoir servie.

Les soixante-douze ans que Louis XIV a régné se divisent en deux séries, l'une glorieuse, et l'autre ne formant qu'une suite de revers. Pendant les années que j'ai voyagé, le malheur n'a pas cessé d'accabler ma famille.

159. — Les six mois qu'ils ont demeuré en ville leur ont paru six siècles. Les deux ans que j'ai séjourné en Californie ont été pour moi deux années de malheur. Les hommes au milieu desquels je vivais, n'étaient plus des hommes : l'appât de l'or en avait fait des tigres toujours prêts à s'entre-déchirer pour le moindre intérêt. Les nuits que j'ai sommeillé ont été pour moi une véritable fatigue, tant mes songes ont été pénibles. Les années que j'ai vécu loin de mes foyers ont été bien malheureuses. Les années que j'ai langui, privée de toute consolation, sont dans mon souvenir aujourd'hui comme quelque chose de bien précieux. Dieu ne change-t-il pas en or céleste toutes nos souffrances d'ici-bas, lorsque nous les supportons sans murmurer ? Les trente années que Frédégonde a régné ont été souillées par le meurtre et la trahison. Le nom de cette femme sera exécré tant que l'histoire et la tradition se conserveront chez les peuples. Les cinq mois que nous avons voyagé en Sibérie ne nous ont pas été pénibles, attendu que nous avions une voiture rembourrée, bien fermée, et que nous étions calfeutrés dans d'excellentes fourrures.

Pendant les mois que l'hiver a sévi avec tant de rigueur, cette charitable dame employait son temps, ses gens et de son revenu au soulagement des ouvriers sans travail et des malades délaissés.

PARTICIPE PASSÉ DES VERBES EMPLOYÉS TANTÔT COMME VERBES ACTIFS, TANTÔT COMME VERBES NEUTRES.

—

EXERCICE CENT CINQUIÈME.

160. — La langouste que vous nous avez servi hier, n'était pas fraîche. Quels dangers n'a pas couru l'Autriche pendant la tempête de vingt ans qu'elle a essuyée. Les trois jours qu'ils ont couru par les sapins et les bruyères me confinent pour quinze jours à la maison ; ils sont tout déchirés ; voilà à quoi ont servi mes recommandations. Allons, vieille Geneviève, arme-toi de ton aiguille et surtout de cette patience qui t'est si familière et qui t'a aidé tant de fois. L'indigne Séméï a insulté David dans le moment où tout semblait conspirer pour le rendre le plus infortuné des rois et des hommes. La France qu'Hussein-Pacha avait insulté dans la personne de son consul, se vengea en envoyant devant Alger une flotte formidable commandée par Bourmont. Le dey fut obligé de capituler et de partir. Depuis cette époque Alger est à nous : ses redoutables pirates ont déserté ses bords, et la civilisation française y fait de rapides progrès. Les harangues de Démosthènes ont été applaudies avec enthousiasme par le peuple assemblé. Les peintures sur verre qu'on a commandé à Maréchal sont parfaites, soit comme dessin, soit comme coloris. Nous les avons aidé dans tous leurs travaux.

160. — Lorsque le divin Maître eut commandé aux vents et à la mer, il se fit un grand calme. Son visage a changé de couleur à cette proposition. Il nous a dit de magnifiques choses, de sublimes vérités, auxquelles nous n'avions presque jamais pensé. Nous avons travaillé ces jours-ci avec les filles du village à tresser des guirlandes pour les reposoirs.

Ces enfants nous ont parlé avec franchise. Tous les dialectes qu'il a parlé appartiennent aux divers peuples qu'il a évangélisé pendant les quinze années qu'il a demeuré en Asie.

> Des charmes de la Thessalie,
> On vante de tout temps les merveilleux effets ;
> Mais les contes fameux qui partout en sont faits,
> Dans mon esprit toujours ont passé pour folie.

Les âmes que l'inflexible nocher n'avait pas passé, erraient et gémissaient sur les sombres rivages du Styx. La corde qu'on a passé au cou de la vierge d'Orléans aurait dû servir à étrangler ses accusateurs et ses juges. La procession a passé sous nos fenêtres. Vous avez passé en revue tout votre quartier, aussi ; on vous a déjà surnommé la gazette, titre bienmérité.

—

Coûté, valu, pesé.

EXERCICE CENT SIXIÈME.

161. — Les quatre hectogrammes que ce vase de bois a pesé avant hier je ne les retrouve plus aujourd'hui, l'action d'une température chaude et sèche en a diminué le poids de quatre-vingt-treize centigrammes. Mes manuscrits raturés, barbouillés et même indéchiffrables, attestent la peine qu'ils m'ont coûté. Avez-vous expédié les colis que j'ai pesé hier? Les cinquante francs que cette fantaisie m'aurait coûté, je les ai donnés au pauvre bûcheron qui est venu pleurer chez nous ; ma bonne mère lui a donné aussi une petite somme qu'elle avait réservée pour un voyage d'agrément ; inutile de vous dire tous les remercîments, toutes les bénédictions que ce léger sacrifice nous a valu.

Voilà les honneurs que m'a valu mon habit de cour. Les cinquante mille francs que cette terre a coûté y sont comme enfouis, attendu que personne ici ne sait tirer parti de cette sorte de terrain: Il n'a pas dit une parole qu'il n'eût longtemps et prudemment pesé.

Après tous les ennuis que ce jour m'a coûté,
Ai-je pu rassurer mes esprits agités ?

Quels sont les plaisirs véritables que vous ont valu tous vos mensonges dorés, toutes vos courbettes de courtisan ?

PARTICIPE PASSÉ DES VERBES PRONOMINAUX

EXERCICE CENT SEPTIÈME

De 162 à 164. — Dès que ces demoiselles se sont vu, elles se sont plu. Ils se sont endormi dans le Seigneur. Ces peuples se sont déclaré la guerre, puis ils se sont déclaré indépendants. Les gens de la cour se sont partagé les biens des proscrits. Cette troupe de brigands s'est partagé en deux bandes ; l'une a pris la direction des Abruzzes et l'autre celles de Naples.

Les Étoliens s'étaient imaginé qu'ils domineraient dans la Grèce. Ils se sont dit Français. Ils se sont dit des injures. Cette bouteille s'est cassé. Cette dame s'est cassé la jambe. Les droits qu'ils se sont arrogé sont injustes. Ils se sont arrogé des droits injustes. Elle s'est donné tout entière aux soins de ses enfants. Elle s'est donné une peine inutile. Ces enfants se sont complu à faire le mal. Ils se sont donné mutuellement de bons conseils. Ces personnes ne se sont jamais ressemblé en quoi que ce soit. Nous nous étions choisi dans nos rêves un gracieux chalet sur le flanc d'une montagne avec un ruisseau, des prairies et quelques arbres pour les ombrager. Ils se sont reproché réciproquement leurs faiblesses. Lucrèce s'est donné la mort. Geneviève s'est donné au Seigneur. Les droits que ces dames se sont arrogé, ont indisposé toutes leurs amies contre elles.

PARTICIPE PASSÉ DES VERBES UNIPERSONNELS

—

EXERCICE CENT HUITIÈME

L'élève soulignera les participes passés des verbes unipersonnels.

165. — Il s'est élevé des vents brûlants qui ont desséché les campagnes. Il est sorti de l'abîme une foule de monstres. Les grands froids qu'il a fait dans la Norwége ont fait périr beaucoup de voyageurs et de pauvres paysans. La famine qu'il y a eu pendant qu'Henri IV assiégeait Paris, a été si affreuse qu'on alla jusqu'à essayer de faire de la farine avec des os de mort. Les pluies qu'il a fait l'été dernier dans la Côte-d'Or ont fait enchérir les vins. Il s'est toujours trouvé une foule de gens disposés à croire le mal et à douter du bien. Il est arrivé deux vaisseaux chargés d'huile de baleine ; un marin me racontait hier que, dans ce dernier voyage, ils ont pris une baleine qui avait trente mètres de longueur, et qui a donné vingt-cinq mille kilogrammes d'huile. Les pluies qu'il a fait, ont nui aux productions de la terre. La disette qu'il y a eu cet hiver, a causé bien des maladies. Charlemagne a gouverné avec gloire une des plus vaste monarchies qu'il y ait eu depuis celle des Romains. L'épidémie qu'il y a eu sous Philippe de Valois, et que les historiens ont nommée peste noire, a parcouru l'Europe entière. S'est-il écoulé un seul jour dans votre vie où vous n'ayez pas reçu des bienfaits de Dieu ? Les obstacles qu'il y a eu à surmonter pour la construction des murs et du temple de Jérusalem, au retour de la captivité, étaient tels que les Juifs ne pouvaient bâtir sans être armés. Les sommes immenses qu'il y a eu à dépenser pour construire la digue de La Rochelle, n'effrayèrent pas la France : on avait trop à cœur de fermer aux Anglais l'entrée de ce beau royaume qu'ils convoitaient.

PARTICIPE PASSÉ SUIVI D'UN INFINITIF.

—

EXERCICE CENT NEUVIÈME

166, 167. — Le souvenir des fautes que je leur ai laissé commettre, me donne une profonde tristesse. Les jeunes Indiens que nous avons entendu parler, se sont exprimés avec une grâce et une naïveté charmantes. Louise a de l'oreille et un timbre argentin ; je l'ai entendu chanter hier, et je me suis promis de lui faire apprendre la musique. Les grands hommes appartiennent moins au siècle qui les a vu naître ou qui a pu jouir de leurs talents, qu'au siècle qui les a formés. Les romances que j'ai entendu chanter, sont pleines de poésie. Les offres de service que je les ai vu faire, me font bien augurer de leurs sentiments. L'attaque a été si inattendue et si spontanée que les vieux soldats se sont laissé surprendre comme de pauvres conscrits. Pour moi, je n'hésiterai point à accomplir ses dernières volontés, lors même qu'elles ne sont point écrites ; je les ai entendu annoncer d'une manière claire et positive. Guillaume se rendit maître de la ville de la même manière qu'il l'avait vu prendre. Cette île que j'avais jugé être très-fertile, est couverte de roches nues, à l'exception des bords qui sont un peu boisés.

166, 167. — Parmi les arbres que nous avons vu briser par l'orage, je vous citerai un chêne qui remontait aux temps druidiques. La foule que nous avons vu accourir, était effrayante ; nous y avons remarqué des femmes armées de lances, de haches, de coutelas ; quelques-unes étaient coiffées du bonnet phrygien ; ces monstres de la liberté poussaient d'horribles vociférations. Les biens que nous avions cru posséder définitivement, viennent de nous être revendiqués. Ceux qu'on a déclaré être suspects, sont des gens paisibles et inoffensifs. Les pêcheurs qui ont commencé à sentir leur mal, sont dégoûtés tout ensemble, et du monde qui les a déçus, et d'eux-mêmes qui se sont laissé prendre à un appât si grossier. Les richesses que tu t'es efforcé d'acquérir, t'ont-elles procuré la paix et la joie? Ton front chargé de soucis, ton regard sombre, inquiet, défiant m'apprennent ce que valent les richesses quand on ne les emploie pas à faire le bien. L'alliance que Judas Machabée avait envoyé demander, fut accordée. Les arbres que nous avons vu planter sont déjà des arbrisseaux vigoureux. Les beaux aigles que nous avons vu s'élever hier du milieu de ces genêts, nous les avons vu reparaître aujourd'hui.

166, 167. — Je les ai vu marauder et s'enfuir, et je les ai vu arrêter par les gendarmes. Ces superbes palais qu'avait élevé la gloire humaine, je les ai vu tomber sous le marteau révolutionnaire. Il n'est pas étonnant que ces princes qui avaient détrôné leur père, se soient voulu exterminer l'un l'autre. Charlemagne prévoyait les maux que les Normands feraient à la France, lui qui les avait vu débarquer plus d'une fois, malgré les forces défensives et offensives qu'on leur opposait. Paul, s'étant rendu par hasard dans ce lieu, fut rempli de joie en voyant ce grand arbre sorti d'une petite graine qu'il avait vu semer. On est responsable des maux que l'on a laissé faire quand on a pu les empêcher. On a orné ma chapelle des fleurs que nous avons vu cueillir ce matin. Ces rois avaient été condamnés aux peines du Tartare pour s'être laissé gouverner par des hommes méchants et artificieux. Cette grosse pierre couverte de mousse que je vous ai vu examiner avec tant d'attention, ne serait-ce point un menhir? Nous ne nous sommes point laissé surprendre par ses paroles insidieuses. Les passions que nous avons laissé naître en nous, finissent par nous subjuguer. Les rois rendront un compte rigoureux de toutes les injustices qu'ils auront laissé commettre.

Bien loin de repousser cette malheureuse, nous l'avons accueillie de notre mieux : pourquoi ne l'avez-vous pas laissé entrer hier, lorqu'elle vint implorer votre secours et votre protection ? Ignorez-vous que celui qui rebute le pauvre ou l'affligé sera repoussé de Dieu ? Garnissez les coupes de fraises, de framboises et d'abricots ; mettez quelques grappes de cassis pour remplacer les groseilles que j'ai laissé cueillir aux enfants. La belle rose que nous avons vu s'entr'ouvrir ce matin est entièrement épanouie.

DU PARTICIPE *fait* SUIVI D'UN INFINITIF

EXERCICE CENT DIXIÈME

168. — Les forteresses que les gouverneurs romains avaient fait construire pour défendre la ville contre les barbares, ont été entièrement démolies pendant les guerres intestines. Les serpents paraissent privés de tout moyen de se mouvoir et uniquement destinés à vivre sur la place où Dieu les a fait naître : cependant leurs muscles sont doués d'une puissance prodigieuse qui leur permet de s'élancer à une grande distance. Toutes les plantes que j'ai fait venir hier, appartiennent à la famille des lichens : voici de l'orseille dont on tire une couleur violette : voilà le lichen d'Islande, si connu en pharmacie. Vous n'avez guère retenu les leçons de botanique que je vous ai fait donner : vous n'avez pas su me dire que le blé, le riz, l'orge, l'avoine, le seigle, la canne à sucre, etc., appartiennent à la famille des graminées. L'attention la plus grande, la plus soutenue a régné dans la classe depuis le jour où j'ai fait admonester les élèves qui donnaient le mauvais exemple. Une esclave est venue à ma porte implorer ma protection ; le récit de ses souffrances m'a fait verser des larmes ; vous qui êtes riches, aidez-moi à la tirer des mains de ses maîtres cruels.

168. — Les marchandises que je vous ai fait passer, sont-elles avariées? La Providence les ayant fait naître dans le même mois, tous deux moururent presque au même âge. Les plans que j'ai fait exécuter seront bientôt livrés à l'impression. Les cyprès que j'ai fait planter ont bien prospéré. Les larmes que je lui ai fait répandre se changeront, je l'espère, en perles d'or. Tous les dessins que vous avez fait achever cette année, seront admis à l'exposition. Les fruits rouges que je vous ai montrés hier, sont vénéneux ; je les ai fait jeter de peur qu'on en mangeât. La guirlande que vous avez fait broder, est bien jolie. Vous souvenez-vous des deux amandiers que je vous ai fait remarquer hier? L'un produit des amandes douces, et l'autre des amandes amères qui renferment un principe de poison très-violent. Les frênes que j'ai fait abattre étaient magnifiques ; mais ils nous attiraient une multitude de cantharides dont le voisinage est fort incommode. Les travaux immenses que Mœris a fait exécuter, ont été un bienfait pour l'Egypte. La momie que nous avons fait venir de Nécropolis, est parfaitement conservée.

LES PARTICIPES *dû, pu, voulu*

—

EXERCICE CENT ONZIÈME

169. — Je lui ai payé toutes les sommes que je lui ai dû. Vous avez aimé votre prochain, si vous lui avez rendu tous les services que vous avez pu et que vous avez dû. Il m'a fait tous les mensonges qu'il a voulu. Il veut fortement les choses qu'il a une fois voulu. Je me suis laissé dire toutes les injures qu'elle a voulu. Je lui ai fait toutes les remontrances que j'ai dû.

Nous avons pris toutes les précautions que nous avons
pu. Je lui ai donné toutes les gravures qu'elle a voulu.
Cette bonne dame m'a procuré tous les plaisirs que
j'ai voulu. Je lui ai donné tous les conseils que j'ai dû.
Après avoir retiré de cette personne tous les avantages qu'ils ont pu ; après avoir exploité son bon vouloir comme on exploite une mine, ils l'ont abandonnée
lâchement dès qu'elle n'a plus été capable de leur rendre service. Il leur a dépeint sa situation sous les couleurs les plus noires qu'il a pu. On a pris de sa santé
tout le soin possible, malgré cela il se plaint à tout le
monde ; comme si nous ne lui avions pas rendu tous
les services que nous avons dû.

PARTICIPE PASSÉ SUIVI D'UNE PRÉPOSITION ET D'UN INFINITIF

EXERCICE CENT DOUZIÈME

170, 171. — De toutes les plantes que j'ai essayé
d'acclimater, je n'ai pu élever que des amaryllis et
des ananas. Tant qu'elle vivra, nous cacherons sous
le sceau du silence les grands actes de vertu qu'elle
nous a défendu de révéler. Les chambres que vous
nous avez dit de tenir prêtes, sont propres et ornées.
J'entre dans toutes vos vues, et j'approuve tous les
changements que vous avez jugé à propos de faire.
Où avez-vous mis les plantes que je vous ai dit de
classer? Les voici entre ces feuilles de papier. Quel
désordre ! Vous avais-je commandé de mêler les
hydrocharidées avec les iridées ? Tenez, voici le glaïeul
et l'iris couchés sur la même feuille que le nénuphar
et la vallisnérie. Entraîné par le mauvais exemple, il
a pris une route bien opposée à celle qu'il avait résolu
de suivre. La permission que l'on vous a donné de
vous promener dans le jardin, ne vous donne pas la

latitude de cueillir des fleurs et des fruits : quel dégât vous faites, petite indisciplinée ! Allez maintenant écrire les pensums que je vous avais exempté de faire.

170, 171. — Vous feriez bien d'étudier maintenant la romance qu'on vous a donné à apprendre. Les monstres que saint Antoine a eu à combattre étaient plus redoutables que les panthères et les tigres du désert. Les ennemis que nous avons eu à repousser étaient, en nombre, trois fois plus forts que nous. Ces deux personnes que nous avons essayé de réconcilier paraissent méditer encore des projets de vengeance. Toutes les vexations que nous avons eu à souffrir sont indicibles. Aimez toujours vos parents ; souvenez-vous de la peine qu'ils ont eu à vous élever. Les périls qu'ils ont eu à courir ne les ont pas découragés. Les tableaux qu'on nous a donné à faire pourront-ils être finis vers la fin de décembre ? Les malheureux que nous avons eu à secourir étaient en si grand nombre que nos ressources sont presque épuisées. La composition qu'on ma donné à faire est fort difficile. La broderie qu'on vous a donné à finir mérite toute votre application.

PARTICIPE PASSÉ ENTRE DEUX *que*

—

EXERCICE CENT-TREIZIÈME

172. — L'ennui que j'ai prévu que vous auriez m'a singulièrement peiné. La personne que vous avez soupçonné que je blâmerais, n'est pas fautive. Mon frère a essuyé dans son voyage tous les ennuis que vous aviez prévu qu'il aurait. La musique que ma mère n'a pas voulu que j'apprisse, me serait aujourd'hui d'une grande utilité. Les affaires que vous aviez prévu que vous auriez, sont-elles terminées ? Les se-

cours que vous aviez pensé que je recevrais, ne m'ont pas été donnés. Louis XV a été loin de justifier l'idée que le peuple avait eu qu'il gouvernerait avec sagesse. Il ne s'est pas donné toute la peine qu'on avait cru qu'il prendrait pour ce travail. Quels sont les effets qu'on a dit que chacun serait tenu d'avoir pour s'embarquer? Je me laissai enlever de l'hôtellerie au grand déplaisir de l'hôte, qui se voyait par là sevré de la dépense qu'il avait compté que je ferais chez lui. La personne que j'avais pensé que vous recevriez aujourd'hui, vous attend au salon. Les fleurs que vous avez cru que je vous apporterais, ne croissent point dans cet endroit, qui est entièrement exposé au nord. Les fruits que vous avez demandé qu'on vous servît tout de suite, ne sont pas encore arrivés.

PARTICIPE PASSÉ, AYANT POUR COMPLÉMENT DIRECT *l'* SIGNIFIANT *cela*

EXERCICE CENT QUATORZIÈME

173. — Nous comprîmes alors que notre situation était plus fâcheuse que nous ne nous l'étions d'abord imaginé. On ne s'est jamais écarté de l'exacte probité, sans se l'être reproché. La chose était plus sérieuse qu'on ne l'avait pensé. Notre traversée fut plus heureuse que je ne l'avais espéré : nous ne perdîmes ni passagers, ni marchandises ; nous en fûmes quittes pour quelques violentes secousses et un peu de frayeur. L'estampe que je vous apporte, est telle que vous l'avez demandé. La chambre qu'on vous destine, est telle que vous vous l'étiez représenté. L'ivoire qu'on trouve en Sibérie et au Canada, est certainement de l'ivoire d'éléphant, et non pas de l'ivoire de morue ou de vache marine, comme quelques voyageurs l'ont prétendu. Ce que les hommes appellent grandeur, gloire, puissance, profonde politique, n'est, comme l'a tou-

jours jugé la philosophie religieuse, que misère et faiblesse. Cette vie sobre, modérée, simple, exempte d'inquiétudes et de passions, réglée et laborieuse, est telle que je l'avais toujours désiré. Cette vérité, telle que vous l'avez démontré, doit frapper tous les esprits. La séance n'a pas été aussi calme que vous l'aviez pensé. Cette broderie n'est pas aussi facile à exécuter que vous l'avez cru. Sa fermeté était beaucoup plus grande qu'on ne l'avait soupçonné jusqu'alors. Cette noire trahison, l'auriez-vous prévu ?

173. — Cette entrevue a tourné, comme vous l'aviez pensé, en une véritable comédie. Après vingt ans d'absence, j'ai retrouvé ma chambrette comme je l'avais laissé, à l'exception de quelques lianes et de quelques mousses qui sont venues décorer ma fenêtre. Les esclaves ayant préparé la salle du festin, ainsi que le prince l'avait ordonné, on alla chercher notre héros, qui reçut en ce jour l'honneur dû à son mérite et à son rang, et que l'envie s'était efforcée de lui ravir. Cette question que vous semblez ignorer complètement, je l'ai traitée il y a à peine deux mois. Il a fait sa tâche comme on le lui a dit. On lui a fait une mauvaise plaisanterie, elle l'a reçu sans se fâcher. L'affaire s'est terminée comme on l'avait pensé. Les conifères, je crois l'avoir déjà dit, sont ainsi nommés parce qu'ils sont terminés en cône ou pyramide : ils comprennent le sapin, l'if, le genévrier, le cyprès et diverses espèces de pins qui fournissent des résines, telles que la térébenthine, la colophane, le goudron : joignons-y le cèdre, véritable géant de cette famille, et le mélèze, celui de tous les arbres qui supporte le mieux le froid des régions polaires, ainsi que nous l'avons vu pendant notre excursion en Norwége. Nous sommes arrivés trempés de pluie, transis et morts de faim, comme vous l'aviez prévu. La ville fut prise comme on l'avait annoncé. Cette nouvelle est officielle, on l'a annoncé dans la séance de ce matin.

PARTICIPE PASSÉ PRÉCÉDÉ DE *le peu*.

—

EXERCICE CENT QUINZIÈME

174. — Le peu d'application que vous avez montré, vous exclut de nos récompenses. Le peu d'union qu'on a remarqué entre les membres de cette famille, l'a singulièrement déconsidéré. Le peu de farine que nous avions sauvé, lors de l'inondation, a suffi pour nous préserver de la faim. Le peu d'amitié qu'on lui aurait témoigné, l'aurait attaché à la maison. Le peu d'exactitude que vous avez apporté, vous a fait tort. Le peu de bienveillance qu'il m'a montré, m'a profondément touché. Les Américains sont des peuples nouveaux ; il me semble qu'on n'en peut pas douter, au peu de progrès que les plus civilisés d'entre eux ont fait dans les arts. Son impolitesse prouve le peu d'éducation qu'on lui a donné. Le peu de connaissances qu'il a acquis, lui sont maintenant d'une grande utilité. Le peu de vivres qu'on a conservé ou recueilli sont portés à un prix qui effraie l'indigence, et pèse même à la richesse. Le peu de fortune que vous avez acquis peut vous permettre de secourir les pauvres, si vous bannissez le luxe de votre maison. Le peu de complaisance que vous avez montré a déplu à tous nos amis. Le peu de houille qu'on a trouvé dans ce filon, est de fort mauvaise qualité. Le peu de déférence que vous avez eu pour votre tante l'a singulièrement peinée. Le peu d'eau que vous avez bu, vous a rafraîchi.

174 — Le peu d'expérience que vous avez montré dans votre emploi, a suffi pour vous faire donner un meilleur poste. Le peu d'expérience que vous avez montré dans cette circonstance, vous a singulièrement desservi. Le peu d'utilité que ces jeunes gens ont retiré de cette étude les en a dégoûtés. Le peu d'histoire que

vous avez déjà étudié suffit pour que vous appréciez les événements qui se sont succédé dans Rome, et qui ont fini par l'affliger à son tour, quoiqu'elle se fût souvent jouée du sort des nations et qu'elle se fût entendu surnommer la reine du monde. Le peu de fruits et de légumes que nous a apporté notre petit coin de terre a suffi pour nous maintenir à l'abri du besoin. Le peu d'utilité que les flibustiers anglais et français avaient retiré de leurs dernières expéditions dans le continent, les avait ramenés insensiblement à leurs brigandages ordinaires. Le peu d'élévation qu'on a donné à ces murailles, nous met sans cesse à la merci des maraudeurs. Le peu de plantes exotiques que que j'avais jusque-là conservé, ont péri pendant la forte gelée d'avant-hier. Le peu d'expérience que j'ai acquis dans la société des gens du monde, me fait choisir la retraite. Le peu de reconnaissance que vous avez montré à cette excellente dame, lui a causé une vive peine. Le peu d'éloges qu'on a donné à cet enfant, l'a encouragé. Le peu de vaisseaux que Mazarin avait laissé pourrir dans les ports, ont été réparés. Le peu de confiance qu'il a mis dans mon amitié, m'a singulièrement peiné.

PARTICIPE PASSÉ PRÉCÉDÉ DU PRONOM *en*.

—

EXERCICE CENT SEIZIÈME.

175, 176. — Boabdil, dernier roi des Maures, ayant été vaincu, Ferdinand et Isabelle formèrent une puissance telle, que l'Espagne n'en avait point encore vu depuis le rétablissement des chrétiens. Tout le monde m'a offert des services, et personne ne m'en a rendu. Les terres Australes offrent, dans certaines régions, des arbres d'une grosseur extraordinaire : on en a vu dont le tronc ouvert pouvait contenir vingt-cinq ou trente hommes. La Renommée, que Virgile décrit d'une manière si brillante, est fort supérieure à toutes les imitations qu'on en a fait.

> Je ne hais point les grands ; j'en ai vu quelquefois
> Qu'un désir curieux attirait dans nos bois.

Il n'est que trop vrai qu'il y a des antropophages ; on en a trouvé en Amérique. Hier, à la basse mer, nous nous sommes amusés à chercher des néréides pour la pêche ; entre huit que nous étions, nous n'en avons pas trouvé une ; aujourd'hui, à moi tout seul, j'en ai recueilli un plein panier. Les Phéniciens en découvrant l'Andalousie, et en y fondant des colonies, y avaient établi des Juifs qui servirent de courtiers comme ils en ont servi partout.

175, 176. — Dans certaines parties de la Russie, le mica réduit en feuilles minces supplée aux carreaux de vitre ; ces espèces de vitres qui n'ont qu'une faible transparence donnent aux appartements l'aspect le plus sombre ; nous en avons vu qui ressemblaient à de véritables prisons. Dans certaines parties de l'Amérique méridionale, on remarque le fulgore ou mouche-lanterne ; ces insectes lumineux font un effet admirable lorsqu'ils sont réunis en grand nombre. Un soir, nous en avons vu plus de mille sur un arbre. C'était quelque chose de merveilleux à voir que ce candélabre allumé par les mains de la nature. Ma mère était pieuse et instruite, les leçons que j'en ai reçu ne s'effaceront jamais de ma mémoire.

> Hélas ! j'étais aveugle en mes vœux aujourd'hui ;
> J'en ai fait contre toi quand j'en ai fait pour lui.

Ce n'est pas au sein de la grandeur que je voudrais couler mes jours, la condition des grands n'excite point mon envie : la peinture qu'on m'en a faite me fait préférer mille fois mon toit rustique et mon petit enclos, que viennent visiter et réjouir le soleil, les oiseaux, les papillons et les fleurs.

175, 176. — Les fucus gigantus croissent au sein de l'Océan ; on prétend en avoir vu dont les bras ou branches ont plus de douze cents mètres de long. Parmi les petits villageois qui fréquentent cette école, nous en avons remarqué de très-intelligents. Nous avons mangé plus de fraises dans le bois que nous n'en avons rapporté. Cassius ne cherchait dans la perte de César, que la vengeance des injures qu'il en avait reçu. Il a fait à lui seul plus d'exploits que les autres n'en ont lu. Autant d'ennemis il a attaqués, autant il en a vaincu. Ces deux élèves ont mis beaucoup moins d'application dans cette tapisserie qu'elles n'en avaient apporté dans les premiers ouvrages de ce genre dont on les avait chargées. Le glaive a tué bien des hommes ; mais la langue en a tué beaucoup plus. Les sciences et les arts sous François Ier firent plus de progrès qu'ils n'en avaient fait pendant plusieurs siècles. La paresse a étouffé plus de talents que l'activité n'en a développé. Vous ne ferez aucune interrogation à ces jeunes filles : mais vous leur direz qu'à l'égard des questions écrites, je ne les en ai pas exempté. Ceux qui nous reprennent de nos défauts sont de véritables bienfaiteurs : aussi, ai-je toujours eu beaucoup de reconnaissance pour les personnes qui m'ont rendu ce service, et je les en ai toujours remercié. Cette femme infortunée ne voulait plus sortir de ce triste lieu ; nous l'en avons arraché pour ainsi dire avec violence. Une foule d'importuns venaient tous les jours ennuyer ma sœur, trop faible pour les congédier ; heureusement, je l'en ai délivré.

CHAPITRE IX

De l'Adverbe.

EXERCICE CENT DIX-SEPTIÈME

L'élève remplacera le tiret par une des prépositions ou un des
adverbes indiqués.

177. — *Dessus, dessous, dedans, dehors, alentour,
auparavant.* — En vain tu chercheras — l'herbe et
ma place et mon lieu de repos.

> Gardez-vous, leur dit-il, de vendre l'héritage
> Que vous ont laissé vos parents :
> Un trésor est caché —

Tous les maux sont depuis longtemps — de la boîte
de Pandore, mais l'espérance est encore — . L'Arche
d'alliance était de bois de Sétim, revêtue — et — d'un
or très-pur. Les voyages — mer sont remplis d'aven-
tures. Notre-Seigneur compare les pharisiens à des
sépulcres blanchis — ; mais qui ne renferment — que
de la corruption — . A proportion qu'on s'élève — de
la terre, on sent la chaleur diminuer. Rien de ce qui
est — le ciel ne peut me consoler si ce n'est vous, ô
mon Dieu. Il protégea la religion — et — du royaume.

> Il est près du sentier, — la haie odorante,
> Une pierre petite, étroite, indifférente
> Aux pas distraits de l'étranger.
> La giroflée y cache un seul nom — ses gerbes.

Faites rentrer les moutons — l'étable ; le temps
est à l'orage. Nettoyez ce meuble — et — .

177, 178, 179. — Noé fit entrer — l'Arche des animaux de toute espèce. Cette enfant pleure parce qu'on

l'a laissée seule — la maison. Tous nos gens sont sortis — pour aller voir l'ours Martin qui exécute, dit-on, des pas de zéphir. Allez au bord de ce ruisseau, cherchez parmi les cailloux, il n'est pas rare de trouver de grosses écrevisses — . Ce n'est pas étonnant qu'il ne trouve jamais rien : il cherche — ce qui est — , et — ce qui est — . Les échos — répètent à l'envi leurs joyeuses chansons. La terre tourne — du soleil sans jamais dévier de l'ellipse que le Créateur lui a tracé. Vous ne ferez point de promenade aujourd'hui : il faut — que la maison soit en ordre. Plusieurs abus se sont introduits dans cette société depuis la réception de certains membres, — tout se passait selon les lois de la plus parfaite équité. Si vous ne réfléchissez pas — de parler, que de fautes vous aurez à vous reprocher ! Les noirs aquilons sifflent — . Les Israélites dansaient — du veau d'or lorsque Moïse descendit du Sinaï. — d'apprendre les arts d'agrément, apprenez les sciences utiles. — d'exécuter son courageux dessein, Judith ordonna des prières et des jeûnes.

EXERCICE CENT DIX-HUITIÈME

180, 181. — *Plus, davantage.* — Depuis qu'Elise a pris un peu de piété, elle fait beaucoup — de progrès dans ses études. Il aime — le travail fait que celui qui est à faire. Il faut — d'engrais pour ce terrain que pour l'autre. Il faut aimer Dieu — que tout au monde. La peau du rhinocéros est un cuir noirâtre de la même couleur, mais — épais et — dur que celui de l'éléphant. Le malheur qu'on mérite, accable — . Sa figure est belle, mais son âme l'est — . Il a voulu se tirer de cet embarras par un mensonge, il s'y est plongé — . L'orgueil est le vice qui s'oppose — au bonheur de l'homme, c'est donc celui qu'il faut combattre avec — d'acharnement. Si je suis flatté, en quelque sorte, de l'estime et de la bienveillance que m'accorde le prince, croyez que je le suis bien — de l'amitié qu'a toujours eue pour moi cette âme humble et sainte que le monde ignore, mais que Dieu visite et comble de ses — douces faveurs. L'irrésolution est le défaut qui s'oppose — à notre avancement et au succès de nos affaires.

EXERCICE CENT DIX-NEUVIÈME

182. — *Plutôt, plus tôt.* — Les Machabées et leur héroïque mère souffrirent avec constance d'indicibles tourments — que de violer la loi du Seigneur. — que d'avouer sa faute, elle cherche mille détours. Un jour qu'il était sorti — que d'habitude, il se trouva tout d'un coup assailli par une troupe de gens armés et masqués. — vous aurez fini, — vous vous récréerez.

> Le travail, aux hommes nécessaire,
> Fait leur félicité, — que leur misère.

Le style figuré ou imagé fut connu — chez les peuples d'Orient, parce que leur imagination est plus vive et plus ardente que celle des autres nations. — que de mal parler, je préfère ne rien dire.

183. — *Tout de suite, de suite.* — Sortez — . Nous apportâmes — ce qu'il avait demandé. Il ne peut pas travailler deux heures — . Au milieu de nos chagrins, si nous nous persuadions fortement que cette vie n'est qu'un temps d'exil qui s'écoule rapide, nous serions — consolés ou fortifiés. Faites du mouvement, vous vous réchaufferez — . Il a parlé deux heures — et nous aurions voulu qu'il se tût — . Dès que la cloche annonce aux élèves l'heure du travail, ils cessent leurs jeux — . Il but — trois verres d'eau corrompue qu'il paya avec une poignée d'or et qui lui causèrent — des nausées affreuses.

EXERCICE CENT VINGTIÈME

184, 185. — *Tout-à-coup, tout d'un coup, rien moins, rien de moins.* — Après quelques instants d'un horrible silence, — le feu brille, il s'irrite, il s'élance...

Vous voudriez que cette spéculation vous rendît riche — . — Christophe Colomb entendit crier aux matelots : Terre ! terre ! Ce fatal événement fit — le malheur de ces trois familles. Cet enfant est déjà ambitieux, il voudrait être riche, grand et puissant — . Nous fûmes enveloppés — par un nuage électrique, ce qui nous causa une grande frayeur. — une noire tempête enveloppa le ciel et irrita toutes les ondes de la mer. — nous entendîmes un craquement effroyable : le vaisseau venait de se briser contre un écueil. — les yeux d'Athamas furent changés, le charme se rompit, il vit le rivage tel qu'il était véritablement, et reconnut son erreur. Pendant qu'il raisonnait ainsi, on entendit — un bruit confus de chariots, de chevaux hennissants, d'hommes qui poussaient des hurlements épouvantables. Vous n'êtes — qu'obéissants. Elle ne lui a promis — que sa protection. Ecoutez bien cet homme, il n'est — qu'un sage. Il ne faut — que votre signature : nous ne pouvons rien faire sans cela. N'écoutez pas cet homme, il n'est — que sage. Il n'aspire à — qu'à la dignité de sénateur. Vous n'êtes — qu'une petite sotte que l'orgueil domine.

EXERCICE CENT VINGT ET UNIÈME

186, 187, 188. — *Si, aussi, très, bien, autant.* — Un spectacle — magnifique que celui de la nature, peut-il laisser l'homme froid, insensible ? Nous étions — préoccupés de cet événement que nous ne nous aperçûmes pas des voleurs qui nous pillaient tout à leur aise. Dieu est — bon, qu'il a promis de récompenser au centuple le moindre acte de charité que nous exercerions envers notre prochain. Les murailles de quelques villes antiques étaient — épaisses, que le haut servait de route : plusieurs chariots pouvaient y passer de front.

> Terre, soleil, vallons, belle et douce nature,
> Je vous dois une larme au bord de mon tombeau ;
> L'air est — parfumé, la lumière est — pure,
> Aux regards d'un mourant, le soleil est — beau !

Il n'est rien de — triste que les forêts des régions boréales. Je n'ai rien vu de — joli que les effets produits par ces stalagmites et ces stalactites, lorsqu'elles se trouvent exposées à une vive lumière. Cette princesse est — bonne qu'elle est belle. Je fuis les oisifs des villes, gens — ennuyés qu'ennuyeux. Dans un autre genre, Horace est — poète que Virgile. S'il n'est rien de — beau que la sincérité, il n'est rien de — laid que le mensonge.

186, 187, 188. — Ce village contient — de pauvres qu'il a d'habitants. Jamais on n'avait vu parmi le peuple — d'opinions différentes. Vous me dites de choisir l'une de ces deux nuances? J'aime — l'une que l'autre. — la vie des champs me plaît et m'égaie, — le séjour des villes me déplaît et m'attriste. L'homme est de — moins pauvre qu'il désire moins. J'aime cette pieuse jeune fille — que je l'admire. — de fois vous souffrez avec résignation, — de perles célestes vous ajoutez à votre couronne. Je suis — satisfaite de vos progrès. Nous sommes — heureuses de ce résultat. La ville de Babylone était — grande ; au dire des historiens, elle n'avait rien de moins que quarante-huit kilomètres de tour. Nous fûmes — affligés lorsqu'on vint nous annoncer que votre petite Louise était — malade. Il est — avantageux pour cet élève qu'on lui fasse apprendre la géométrie. Il est — tard, restez avec nous. Il fait — chaud, entrons sous ce berceau de chèvrefeuille. Salomon employa des matières — précieuses pour la construction du temple. Il a — de l'audace. Vous êtes — opiniâtre. Nous avons — froid. Vous avez — de l'ennui ; mais patience, la paix et la joie rentreront bientôt dans vos foyers.

DE LA NÉGATION.

EXERCICE CENT-VINGT-DEUXIÈME

Dans tous ces exercices, l'élève remplacera le tiret par la néga-
tion convenable.

189, 190. — *Ne, pas, point.* — Il est peu de beauté
que le temps — détruise. La jeunesse juge la vie autrement qu'elle — est. Vous avez bien peur que je —
change d'avis. Je crains que cette démarche — cache
un piége. Je — conçois qu'une manière de voyager
plus agréable que d'aller à cheval : c'est d'aller à
pied. L'homme sans éducation — a nul discernement
des personnes, ni du maître ni des conviés. Le véritable patient — se plaint de personne. Nul parmi les
guerriers — a été plus grand que César.

Le chêne, vers les cieux portant un front superbe,
  L'arbuste qui se perd sous l'herbe,
  — font qu'obéir à sa loi.

— pas faire à autrui ce que nous — voudrions —
qu'autrui nous fît : voilà la justice. Dieu des chrétiens,
quelles choses n'as-tu — faites ! Partout où l'on tourne
les yeux, on — voit que les monuments de tes bienfaits.

Je ne viens — traîner dans vos riants asiles,
Les regrets du passé, les songes du futur :
J'y viens vivre, et couché sous vos berceaux fertiles,
  Abriter mon repos obscur.

Qui chérit son erreur, ne la veut — connaître. Il
ne dépend — de nous d'avoir ou de n'avoir — de
passions ; mais il dépend de nous de régner sur elles.
Cette femme n'a — de compassion pour toutes les
misères : elle secourt l'un et rudoie l'autre.

189, 190. — Cet homme n'a — de compassion ; c'est un cœur de roche. Contre la médisance, il n'est — de rempart. Savoir raisonner, ce n'est — savoir plaire. Le sot opulent, aux sottises qu'il fait ne cherche — d'excuse. Hélas ! notre sagesse n'est — inaltérable. Cette famille n'a — des ressources suffisantes pour attendre la récolte prochaine. Les familles que nous avons visitées n'ont — des ressources ; il faut se hâter de les secourir. Vous n'avez — de la bonne volonté pour tous les points de votre devoir : vous faites bien quand cela vous plaît. Cette jeune fille n'a — de bonne volonté. Celui qui n'a — d'empire sur ses passions n'est qu'un lâche. Irma n'a — de capacité pour les sciences exactes. Félix n'a — de capacité ; on ne sait vraiment à quoi l'employer. Je ne veux — que vous vous amusiez tout le jour. Je ne veux — d'amusements pendant ces trois jours. Les maux de cette vie n'ont — de proportion avec les biens célestes. Le mot de zoophyte veut dire animal-plante ; ce n'est donc — à tort que votre condisciple a appliqué ce nom aux étoiles de mer, aux éponges, aux coraux et aux madrépores.

EMPLOI ET SUPPRESSION DE *ne*.

EXERCICE CENT VINGT-TROISIÈME

De 191 à 194. — Si rien n'empêche que nous — sortions, nous ferons une longue et belle promenade. Je ne prendrai pas la parole pendant le dîner à moins qu'on — m'interroge ; je sais heureusement que la jeunesse doit écouter et se taire. Veillez sur vous-même de peur que le tentateur — vous surprenne. De crainte que les Arvernes (Auvergnats) n'augmentassent leurs forces par la réunion des peuples voisins, César entoura leur capitale d'une muraille qui, les isolant de toute communication extérieure, les ré-

duisit à se rendre. J'appréhende qu'on — vous interroge. Je crains que la nuit — nous surprenne dans ce
chemin désert. Je tremble que les pirates — viennent
vers ce rivage. Les courtisans parlent autrement qu'ils
— pensent. Ce devoir est mieux fait que je — l'aurais
cru. A trois ans, Pic de la Mirandole était incompara-
blement plus précoce que — le sont à cet âge les
enfants les plus intelligents; à six ans, il connaissait
plusieurs langues ; à douze ans, c'était un savant très-
remarquable. L'enfant qui n'est ni sage, ni reconnais-
sant, ne sera pas heureux, à moins qu'il — se corrige. Je
ne crains pas que le feu ennemi — nous atteigne dans
ce retranchement. Pourquoi vous livrez-vous à de si
noirs chagrins ? votre sort est meilleur que vous — le
croyez. Vous n'êtes pas plus instruit que vous — l'étiez
l'année dernière. Vous ne vous êtes pas persuadée,
ma chère Lucile, que tout le monde — s'aperçoit de
votre mauvais caractère. Vous ne savez donc pas qu'un
prêtre — est par devoir l'ami, la providence vivante
de tous les malheureux ? Je ne disconviens pas que
vous — ayez raison. Je ne doute pas que vous — ayez
mis de la bonne volonté. Je ne nie pas que personne
— aurait mieux que lui exécuté cet ouvrage : mais je
nie qu'il — soit le plus diligent des artistes que nous
employons. Ne vous prononcez pas dans cette affaire
avant que de — avoir mûrement réfléchi. Rentrez ces
magnolias dans la serre avant que le froid — vienne.
On a défendu que vous — cueillissiez des fleurs dans
cette plate-bande. Je serai de retour avant que l'hirondelle — ait abandonné nos demeures.

EMPLOI DE *pas* ET *point*.

—

EXERCICE CENT VINGT-QUATRIÈME

195, 196. — Il ne faut — toujours croire les apparences. Le conseil en est bon, mais il n'est — nouveau.

> Enfin le pauvre le saisit
> Par son manteau royal, et gravement lui dit :
> Ce n'est — de là-haut, c'est des lieux où nous sommes,
> Que Dieu vous a fait souverain.

Ce térébinthe n'est — aussi vieux que le monde ; il n'a guère que trois mille ans. Ce qui forme tant d'ingrats dans le monde, c'est que l'orgueil ne veut — devoir. Souvent on n'a — assez de volonté pour suivre tous les enseignements de la raison. Il ne faut — compter sur les amis d'une amitié superficielle. Je ne possède — un arpent de terre. De crainte que Dieu ne veuille — me reconnaître au dernier jour, je me dépouille de tout ce qui tient au monde pour me revêtir de Jésus-Christ. Les défauts d'Homère n'ont — empêché qu'il ne fût sublime. Les pharisiens dirent à Notre-Seigneur : Quoi ! vous n'avez — encore cinquante ans, et vous avez vu Abraham ? Vous n'avez — fait vingt lignes dans une heure. Tu ne trembles — qu'on découvre ta perfidie ? Ne crains — que je t'abandonne, mon sort au tien est lié pour toujours. Il ne convient — que nous prenions les premières places. Jésus a dit : Quiconque s'élève sera abaissé, et quiconque s'abaisse sera élevé. Je crains que notre amie ne puisse — venir à notre petite réunion. J'ai peur que ce long voyage ne lui soit — salutaire. De crainte que vous ne soyez — heureuse chez cette étrangère, acceptez, chère Elise, l'offre de votre amie ; ici rien ne vous manquera ; c'est le port de la paix et de la joie. Cécile n'a — autant de mémoire que vous, et elle sait parfaitement ses leçons parce qu'elle étudie avec attention. Ce n'est pas étonnant que Lucile ne soit — aussi avancée que vous ; vous êtes entrée en classe un an plus tôt qu'elle. La vertu ne s'acquiert — sans peine. Ce champ n'est — cultivé. On ne doit — proclamer vertueux, l'homme qui pratique le bien sans avoir été éprouvé par la prospérité ou l'infortune. Ne savez-vous — qu'il n'est rien de stable ici-bas ? Vous n'avez — de cœur. Nous n'avons — d'abri. Je ne veux — d'excuse. N'avez-vous — d'ami ? N'étiez-vous — enrôlé parmi ces matelots ?

SUPPRESSION DE *pas* ET DE *point*

—

EXERCICE CENT VINGT-CINQUIÈME

A la place du tiret, l'élève mettra *pas* ou *point* lorsqu'elle le croira nécessaire.

197, 198. — Dans l'impuissance où m'a jeté l'infortune, je ne puis — apporter aucun soulagement à votre peine ; je ne puis — que prier. Je n'osai — rien lui dire de peur de l'irriter encore davantage. Je ne cesserai — de chanter vos louanges, ô mon Dieu ! Le lâche Pilate n'osa — imposer son autorité en faveur de Jésus-Christ, dans la crainte d'exciter le mécontentement du peuple. Pendant le trajet de la Conciergerie à la place de la Révolution, le peuple ne cessa — d'injurier la trop malheureuse reine : ce ne sont — là tes coussins de Trianon !... lui criaient d'ignobles créatures. Ses mains liées la privant d'appui contre les cahos des pavés, son pauvre corps allait, frappant à droite et à gauche, contre les parois de la charrette. Je ne saurais — redire tout ce que cette noble physionomie révélait de douleur, de résignation, de fierté. Je ne sais — prononcer l'allemand aussi bien que vous. Je ne saurais — vous dépeindre mon étonnement. Je ne sais — quand ce navire doit arriver. Il n'y a — guère de gens plus aigres que ceux qui sont doux par intérêt. L'homme ne trouve — nulle part son bonheur sur la terre. Vous n'y voyez — goutte. La bonté est une qualité que les ambitieux ne connaissent — guère. La mort n'excepte — personne et nivelle pour jamais toutes les conditions. Celui qui n'est — ni riche, ni pauvre est dans une situation moyenne qui le met à l'abri des chagrins qui assiégent les grandes fortunes et les grandes misères.

CHAPITRE X

De la Préposition.

EXERCICE CENT VINGT-SIXIÈME

L'élève remplacera le tiret par une des prépositions indiquées en tête de chaque exercice.

199, 200. — *Vis-à-vis, en face, proche, près, hors, au travers, à travers.* — Enfin, nous voici — du hameau où s'est écoulée notre enfance : quel jour délicieux que celui du revoir ! Nous allons donc presser sur notre cœur notre bonne vieille mère ! — d'elle nous oublierons nos longs jours de souffrance. Qu'il est heureux celui que le souffle de l'adversité n'a jamais poussé — de la patrie. — de celui qui souffre ou qui pleure, n'ayez pas un air joyeux ou indifférent : la gaîté ou l'insouciance insultent à la douleur. A la pointe du jour, des cris de joie retentirent sur le pont : on se trouvait — d'une grande île couverte de bois et de riches prairies ; la veille, on avait affronté mille morts — des écueils et des vagues furieuses. Que l'Océan est donc bien l'image de la vie ! Passez ce bouillon — le tamis. Ces petits pâtres passent impunément — nos champs de blé. L'orgueil de ce philosophe passe — les trous de son manteau. Nos soldats s'élancèrent — des bataillons ennemis et s'ouvrirent un victorieux passage. Calypso plus furieuse qu'une lionne à qui on a enlevé ses petits courait — de la forêt sans suivre aucun chemin.

201, 202. — *Entre, parmi, voici, voilà.* — J'ai passé la moitié de ma vie — la crainte et l'espoir. Il y a peu d'intervalle — le temps où l'on est trop jeune et celui où l'on est trop vieux. Oh ! les beaux cygnes blancs que j'aperçois — ces touffes de nénuphars. — les fleurs des bois, l'églantine, l'aubépine, la violette et la pervenche emportent le prix. — les cucurbitacées, nous mentionnerons les melons, les coucombres, les pastèques ou melons d'eau, les courges, fruits comestibles : la coloquinte et la bryone, plantes amères et purgatives ; les citrouilles — lesquelles nous citerons le giraumont comme étant le meilleur des potirons. L'amitié qui règne — me permet de vous parler franchement. Lorsque la terre se trouve — le soleil et la lune, il y a éclipse de lune. — le code de l'égoïste : tout pour soi, rien pour les autres. Exercer la charité envers ses semblables, rendre à Dieu l'amour, l'honneur et la gloire que nous pouvons lui rendre, — ce qui s'appelle vivre. — trois médecins qui ne nous trompent pas : gaîté, doux exercice et modeste repas. — cinq jours que nous sommes dans les montagnes ; nous y vivons comme les pâtres, cette vie nous va : un laitage écumant, des œufs frais, du beurre doré, du pain noir et quelques fruits, — le composé de nos repas qu'assaisonne une franche gaîté. L'intérêt personnel — la base de tout cet édifice de vertus que vous offrez à l'admiration publique : aussi cette gloire que vous vous êtes acquise se dissipera comme une fumée, parce que Dieu n'a pas été le principe de vos œuvres.

Je n'osai... mais le prêtre entendit mon silence,
Et de ses doigts glacés prenant le crucifix :
— le souvenir et — l'espérance !
Emportez-les, mon fils !

EXERCICE CENT VINGT-SEPTIÈME

203, 204. — *Quant à, quand, en campagne, à la campagne.* — on examine au milieu de l'hiver le germe de l'oignon d'une tulipe avec une simple loupe ou verre convexe, on découvre fort aisément dans ce germe les feuilles qui doivent venir vertes et celles qui doivent composer la fleur ou la tulipe. — le printemps reparaît, toute la nature se réveille. — Charles-Quint se vit à l'apogée de la puissance et de la gloire, il sentit un vide affreux dans le fond de son cœur ; frappé du néant des grandeurs humaines, il abdiqua le sceptre et se renferma dans un monastère. Il fait beau, sortez, — moi je reste. Dans les temps reculés, — les hommes étaient sans industrie, ils se logeaient dans les antres qu'ils ont maintenant abandonnés aux bêtes sauvages. Nos soldats français ont toujours donné l'exemple aux armées étrangères, — la bravoure et à l'humanité. — le terrible simoun se lève, malheur aux pauvres voyageurs qui traversent le désert. Soyez sans inquiétude sur le succès de cette entreprise ; — aux menaces de ces deux envieux, ne vous en inquiétez pas. Faites ce que vous voudrez, — moi je n'abandonnerai jamais mon poste. Ce régiment est —. Nous passons l'été —. Ces aventuriers sont —; ils cherchent un nouveau terrain d'exploitation. Les jours coulent plus purs et plus tranquilles — qu'à la ville. J'aimerais à habiter — ; je me plairais à respirer cette délicieuse fraîcheur du matin, à m'enivrer des parfums exquis que les plantes répandent dans l'air, à voir trembler les perles de rosée sur la corolle des fleurs.

DU COMPLÉMENT DES PRÉPOSITIONS

EXERCICE CENT VINGT-HUITIÈME

L'élève donnera à chaque préposition le complément qui lui convient.

205. — Aurelle a parlé contre et en faveur de vous. Un magistrat doit toujours juger suivant et conformément à ce que prescrivent les lois. Cette élève mérite d'être placée non-seulement parmi, mais encore au-dessus de toutes les élèves dont la conduite est exemplaire. Elle ne se contente pas d'agir sans et malgré vous, mais encore cherche-t-elle à vous desservir près de votre oncle. Pour et à cause de vous, nous avons eu une grande lutte à soutenir. Pendant tout le trajet du village au hameau des Palmiers, Coco s'en allait gambadant à tort et à travers, tantôt au milieu et tantôt derrière nous. Saint Louis, par son ascendant sur les peuples, sut faire respecter la religion au-dedans et au-dehors du royaume.

DE LA RÉPÉTITION DES PRÉPOSITIONS

EXERCICE CENT VINGT-NEUVIÈME

L'élève remplacera le tiret par une préposition lorsqu'elle le croira nécessaire.

206, 207, 208. — J'ai passé un jour et une nuit au fond de la mer ; souvent en voyage, exposé à toutes sortes de périls : — péril sur les rivières, — péril du côté des voleurs, — péril de la part de ceux de ma nation, — péril de la part des païens, — péril dans les villes, — péril dans les déserts, — péril sur la mer, — péril parmi les faux frères.

L'éloquence est un art très-sérieux, destiné à instruire, — réprimer les passions, — corriger les mœurs, — soutenir les lois, — diriger les délibérations publiques, — rendre les hommes bons et heureux.

Il aime à rire, — jouer, — plaisanter. Ecoutez avec attention et — modestie. Il nous a toujours parlé — franchise et — cordialité.

Montrons-nous en toutes choses tels que doivent être de véritables ministres de Dieu : principalement par l'exercice d'une grande patience dans les maux, — les privations, — les afflictions, — les mauvais traitements, — les prisons, — les séditions, — les travaux, — les veilles, — les jeûnes : recommandons-nous par la pureté, — la science, — une douceur persévérante, — la bonté, — les fruits du Saint-Esprit, — une charité sincère, — la parole de la vérité, — la force de Dieu, — les armes de la justice pour combattre à droite et — gauche, — l'honneur et l'ignominie, — la mauvaise et la bonne réputation : passant pour des séducteurs, quoique nous soyons sincères ; — des gens inconnus, quoiqu'on nous connaisse partout.

L'homme qui agit toujours avec loyauté et — probité, est estimé de tout le monde. La Fontaine a imité le Pogge dans la fable du Meunier — son fils — l'âne. Je serai de retour pour la fête — saint Pierre et — saint Paul.

CHAPITRE XI

De la Conjonction.

EXERCICE CENT TRENTIÈME

L'élève remplacera le tiret par la conjonction *et* lorsqu'elle le croira nécessaire.

De 209 à 211. — Il y a toujours des vents brûlants qui passent sur l'âme de l'homme — la dessèchent. La prière est la rosée qui la rafraîchit — la vivifie.

> Le loup l'emporte — puis le mange
> Sans autre forme de procès.

Le temps s'envole — ne revient pas. L'homme cherche le bonheur — ne le trouve jamais. Ce vieillard avait un grand front chauve — un peu ridé : une barbe blanche pendait jusqu'à sa ceinture ; sa taille était haute — majestueuse, son teint était encore frais — vermeil, ses yeux vifs — perçants, sa voix douce, ses paroles simples — aimables. Il n'a jamais rien voulu faire — ne veut rien faire encore. L'ivoire — les pierres précieuses — l'or le plus pur furent prodigués dans la construction du temple de Salomon. L'ambition — la basse jalousie te dévore. Tout l'agite — l'inquiète — le ronge. Moins on est ambitieux, — plus on est content ; et contrairement, plus le cœur renferme de désirs — moins il est satisfait.

> Quel carnage de toutes parts !
> On égorge à la fois les enfants — les vieillards,
> — la sœur — le frère,
> — la fille — la mère,
> — le fils dans les bras de son père.

EXERCICE CENT TRENTE ET UNIÈME

A la place du tiret, l'élève mettra la conjonction qu'elle croira nécessaire.

De 212 à 216. — *Ni, à cause que, durant que, malgré que.* — Ni les biens — les honneurs ne valent la santé. Le bonheur n'est point fait pour l'orgueilleux, — la paix, pour l'impie. Le cœur n'est pas créé pour les voluptés de la terre, — l'esprit pour de vaines spéculations. Je ne voudrais pas qu'on vous élevât dans la mollesse, — qu'on vous inspirât le goût du monde. Il est vrai qu'on n'y voyait — or — argent — marbres — colonnes — tableaux — statues. Il n'est — bonheur — sûreté en cette vie.

L'homme qui n'a — vice — vertu ; qui ne fait par conséquent — bien — mal, est cet arbre infécond dont parle l'Évangile ; malheur à lui ! Un vagabond est ordinairement — feu et — lieu. Sans ami — ressources, que deviendra-t-il ? Sans patrie — famille, hélas ! que mon sort est affreux ! Rien n'éblouit les grandes âmes — rien n'est plus haut qu'elles. Une infinité de jeunes gens se perdent — ils nourrissent leurs cœurs de mauvaises lectures. — vous soyez un paria, venez avec nous ; ma famille sera votre famille : la religion chrétienne ne méprise que le vice.

> — qu'un philosophe assure
> Que toujours par leurs sens les hommes sont dupés,
> Un autre philosophe jure
> Qu'ils ne nous ont jamais trompés.

Comme l'ambition n'a pas de frein et — la soif des richesses consume les hommes, il en résulte que le bonheur fuit à mesure qu'on le cherche. Comme vous vous êtes toujours appliquée et — jamais on n'a remarqué de variabilité dans votre caractère, nous vous décernons la couronne de sagesse.

De 217 à 221. — *Mais, ou, parce que, par ce que*

quoique, quoi que, que. — Mon corps doit se dissoudre, il est vrai, et retourner en terre ; — il ne sera pas éternellement dans cet état. Vous ne devez pas murmurer, — vous soumettre. Rome n'était pas proprement une monarchie ou une république , — la tête d'un corps formé de tous les peuples du monde.

Le roi, l'âne — moi nous mourrons.

La ruse — l'adresse obtient souvent plus que la force. D'un mot, d'un rien dépend souvent notre malheur — notre bonheur. — vous vous êtes écarté des voies de la justice et de la vérité, Dieu vous a châtié. On vous renvoie — on ne peut rien faire de vous. Ne prisez pas les gens par leur mine, — leurs cœurs peuvent avoir de bon. — vous venez de lire, jugez du reste. La vive se trouve dans l'Océan et dans la Méditerranée ; elle est ainsi nommée — elle a la vie très-dure.

— trop convaincu de son inimitié,
Vous devez à ses pleurs quelque ombre de pitié.

— vous fassiez, il ne sera jamais content. — on vous dise, quelque instance qu'on vous fasse, revenez dès que votre mission sera remplie. C'est une maladie d'esprit — de souhaiter des choses impossibles. C'est un devoir — d'empêcher la calomnie et la médisance. Maîtres de maison, chefs de famille, veillez donc sur les discours qu'on tient chez vous. Puisque la vie est passagère, — elle est remplie de vicissitudes et — le bonheur réel et permanent ne se trouve qu'au ciel, méprisons la terre et recherchons le ciel. C'est faire preuve d'une grande bassesse — de vouloir paraître plus vertueux qu'on ne l'est réellement. C'est l'héroïsme de la vertu, — de s'effacer pour faire mieux ressortir le mérite d'autrui.

CHAPITRE XII

De l'Interjection.

EXERCICE CENT TRENTE-DEUXIÈME

L'élève remplacera le tiret par l'interjection qu'elle croira nécessaire.

222, 223, 224. — — pleure, fille infortunée ! — qu'il est cruel de n'espérer plus ! Ne dis plus — Jacob, que ton seigneur sommeille ! — pourrais-tu — homme, te livrer à l'étude de la nature, sans éprouver les ravissements qu'elle fait naître ? — que de torts je me suis faits en cédant à mes caprices !

— qui n'a pas pleuré quelque perte cruelle !
— vallons paternels, doux champs, humble chaumière.

— qui me donnera les ailes de la colombe pour m'envoler vers Dieu. — Dieu de mon berceau, sois le Dieu de ma tombe !

Corrigez-vous, dira quelque sage cervelle.
— la peur se corrige-t-elle ?

— Eglise romaine ! — cité sainte ! — chère et commune patrie de tous les vrais chrétiens. Il n'y a en Jésus-Christ, ni Grec, ni Scythe, ni Barbare, ni Juifs, ni Gentil, tout est fait un seul peuple dans votre sein ; tous sont concitoyens de Rome, et tout catholique est romain.
— venez, venez ! — quelle est sotte ! — bien ! qu'est-il arrivé ? — vous ne voyez donc pas le précipice ? — — que c'est drôle, tout cela ! — gare ! gare ! — quel spectacle !

FIN DE LA TROISIÈME PARTIE.

TABLE DES MATIÈRES

DEUXIÈME PARTIE

CHAPITRE PREMIER

CHAPITRE II

CHAPITRE III

CHAPITRE IV

CHAPITRE V

CHAPITRE VI

TROISIÈME PARTIE

—

CHAPITRE PREMIER

CHAPITRE II

CHAPITRE III

CHAPITRE IV

CHAPITRE V

CHAPITRE VI

CHAPITRE VII

CHAPITRE VIII

CHAPITRE IX

CHAPITRE X

CHAPITRE XI

CHAPITRE XII

FIN DE LA TABLE DES MATIÈRES.

Toulouse, typ. J. HÉBRAD., DURAND & Cⁱᵉ, rue de la Pomme, 5.